教育幻想

クールティーチャー宣言

菅野仁　Kanno Hitoshi

JN263422

★──ちくまプリマー新書

134

イラスト★箸井地図

目次＊Contents

第二章　そもそも学校とはどんな制度か

第三章　クールティーチャー宣言

第四章　「心の教育」よりも、まず「ルール」が必要

第五章　「規律か自由か」の二者択一ではなく、「間《あいだ》をとる」努力を！

第六章 「友だち先生」の実態

はじめに

「教育」がおかしい――そんな時代が相変わらず続いているとは思いませんか。「ユトリ教育」なはずなのに、生徒もそして先生も全然「ゆとり」がない。「コセイ化教育」のはずなのに、一人ひとりの個性が伸びている教育の成果が目立っているとは思えない。「ココロの教育」を目指しているはずなのに、心に傷を負った子ども、お互いに心を傷つけあう子どもたちがますます増えている。「イキル力」を育てることが目指されているはずなのに、子どもたちの〈生きる力〉がたくましく育っているとは考えにくいなどなど……。私たち大人が、これからの社会を担う子どもたちを育て上げるはずの教育の根本が、どうもズレたところで動いてしまっている、そんな気がしてなりません。

この本は、そうした教育や学校をめぐる問題について、社会学的なまなざし、コミュニケーション論的なまなざしからとらえ直しをしようという試みです。人と人とのつながりの観点から「教育」をとらえ直した場合、一体どのような問題が見えてくるのか、どのように考えたらもう少し「マシな」解決の道筋が見えてくるのか——こうした問題について、これから皆さんといっしょに考えていきましょう。

序章——今こそリアルでクールな「上下関係」を

「上下関係」は古い考えか？

一昨年私は『友だち幻想』という本を書きました。その本では書名どおり、主に「友だち」という横のつながり（いわば「水平関係」）を中心に人間関係の問題について考えてみました。

現代のこの社会において、友だちとの、親しさを深めるにはどうしたらいいか。一人ひとりが、日々の生活での楽しさ、心地よさ、嬉《うれ》しさといった「生《せい》の味わい」というものを、どのようにとらえ直せばいいのかについての処方箋《しょほうせん》、あるいは見取り図の原型のようなものを提示してみたかったのです。

しかし当然のことですが、学校の問題を考えるためには、この水平関係のレベルだけを考えていればいいというわけにはいきません。いわゆる「上下関係」という縦のベクトルを、考慮にいれなくてはなりません。このことは、親と子の関係、先生と生徒の関係、あるいは先輩と後輩の関係などを思い浮かべればすぐわかりますよね。社会人になれば、上司と部下の関係などがあるわけです。

社会学ではこれらを**「非対称的な関係」**といいます。

本書では、教育や学校をめぐる問題を、人間のコミュニケーションに焦点を当てて検討したいと思っています。その際に、非対称的な関係におけるコミュニケーション問題をきちんと考慮に入れながら考え直してみようと思うのです。とりわけ親と子、先生と生徒というような、大人と子どもの非対称的な関係について、とらえ直してみようと思っています。

上下関係（非対称的関係）というと、すぐに、封建的な絶対的主従関係のような前近代的な人間関係を思い浮かべる人も多いかもしれません。しかし、すべての上下関係が、必ず封建的で反時代的なものになるわけではありません。上の者が下の者を、有無をも言わさず従わせるというような関係だけが、上下関係なわけではないのです。

上下関係と聞くと、イコール封建的で前近代的な古い権力関係だと考える人たちにとっては、上下関係そのものを廃棄することが人間関係における目標になってしまいます。いわゆる「絶対平等」を志向する考え方ですね。しかし私はそうした発想を取りません。

そうではなくて、上下といった非対称の関係ではあるけれども、この時代にフィットした形で親密性と信頼感に基づいた縦の関係を作り上げる可能性について考えてみたいと思っています。そしてこのことが今、現代社会にとってとても大事な課題になっていると思うのです。

上下関係そのものが、非民主的で封建的な人間関係の残滓《ざんし》だと理解する人たちにとっては、第二次世界大戦以前の社会のあり方や教育のあり方への反省が、あまりにも大きく心にのしかかっているのだと思います。

確かに戦前は、上下関係が非常に厳しく、目上と目下の区別は絶対的なものでした。「親の言うことは黙って聞くものだ」「先生は無条件で偉いのだ」という価値観が支配的だったのです。

ところが戦争が終わると、戦前の価値観はすべて否定されました。

教育も、いわゆる「戦後民主主義教育」と呼ばれる、戦前の教育とは一八〇度転換したといってもいいものになりました。新憲法の精神を受けて、個人の自由や平等といったことが、全面に打ち出されたものとなったのです。

そうした価値の大転換の中にあって、新しい教育を担う当時の大人たち、そして教育された子どもたち（ここで言う大人たちは戦前生まれの世代で、子どもたちが昭和二〇年から三〇年生まれくらいの世代くらいでしょうか）は、個人差はもちろんあるにしても、「上下関係そのものがダメなんだ」というように、極端に考えてしまう人が多いように思います（皆が皆ではありませんが、今の五十代半ば以上の方々ですね）。

しかし、上下関係というのは、本当に全くないほうがいいことなのでしょうか。それは、時代に逆行する、古い時代の概念なのでしょうか。そしてそもそも、上下関係を全くゼロにするということは、果たして可能なのでしょうか？

「そうではない」、と私は思うのです。

たとえば先生と生徒の関係にしても、親と子の関係にしても、まったくフラットな、水平的な関係だけでその関係を築けといっても、じつは原理的に無理な話なのです。しかもそうしたフラットな関係を無理に作ろうとすると、様々な弊害が出てきてしまいます（このことは、後に〈主に第六章で〉くわしく述べます）。

じっくりよく考えてみると、人間関係を円滑に機能させ、互いにつながりを持つ者どうしが安心して社会的ポジションを確保できるためにこそ、上下関係が必要な場合が多いのです。

親と子、先生と生徒あるいは先輩と後輩といった非対称的な関係を保ちながら、そこにあまり強権的な性格をもちこまないで、お互いよりよい形で相互に納得できるような形の上下関係を築くことは、じつはとても大事なことです。

適切な上下関係があるからこそ、保っていける信頼性や親密感、尊敬とか敬愛の念が生まれるのだと私は思うのです。人と人との関係の中で「生の味わい」というものを深めるということにおいても、とても大事なものになっていくと思います。

しかしそのことがなかなかきちんと理解されていない。たとえば「タテマエとホンネ」の使い分けのように理解されることは、非常に困ったことだと私は考えています。

つまり、タテマエでは、「上下関係はやめましょう。先生と生徒、さらに親と子も対等でフラットな関係と考えましょう」という考えが流布しながら、ホンネのところでは「上下関係のない社会なんてしょせん無理だよな。でもそういうことをおおっぴらに言うと、封建的だの、遅れた考えだの言われるから大きな声ではいえないな」といった風潮がもしまだあるとしたら、そうした傾向こそ大問題だと私は考えます。

ホンネの部分で「上下関係、非対称的な関係は大切だ。しかしそうした関係をどのように作り上げていくかを真剣に考えなければならない時代に来ている」という思いを、一人でも多くの人々と共有することはできないだろうか、と私は日々考えながら思いをめぐらせています。

現代においてもなお人間のつながりとして非常に大切なはずの「非対称的な人間関係」というものが、お互いどうしのきちんとした関《かか》わり方、向き合い方が疎外されるような実質的な危機に瀕《ひん》しているのではないでしょうか。そのことが、学校教育や、家庭での子育てにも、悪い影響を与えていると思うのです。

上下関係、あるいは非対称的関係を、広い意味での教育の現場が、どのように受け入れたらいいのか。あるいは時代に合わせて、どのように再生させたらいいのだろうか。

それこそが、いま語られるべき大事な課題なのではないかと思っています。

この本が、「現代に見合った非対称的な関係とはどのようなものか」を冷静に考え直し、つながりのなかでみんながここちよく関係を作っていくための考え方のヒントになれば、と願っています。

第一章　人間関係を「分けて考える」キーワード

この章ではまず、本書で考察を進めるにあたって、キーワードとなる語句をきちんと説明することからはじめたいと思います。

あるテーマを考えていくときに、キーワードをもとにして、テーマの全体像を見渡すための**「見取り図の原案」**を描いていく、というのが私の手法です。そしてその原案を手がかりに、読者の皆さんに自分に合った見取り図を描いてもらって、それをもとに自分が体験する社会的世界に対する理解を深めていただきたいと考えているのです。

どのような上下関係が適切なものなのかについて、それぞれのケースごとの具体的な内容や形にまで踏み込んだ、誰にでもあてはまる答えというものはないと思うのです。しかし、問題を腑分けして考えるための、誰《だれ》もが使える見取り図の原案なら提示することができると私は考えています。

そして私が提案した考え方をヒントにして、いままでゴチャゴチャしていた問題に対して、自分に一番フィットした解決の糸口や方向が見えてきてもらえればとても嬉《うれ》しいのです。

　では、はじめていきたいと思います。

「ルール関係」と「フィーリング共有関係」

　前著『友だち幻想』では、人間関係の問題点を分節化し、きちんと腑《ふ》分《わ》けしてとらえるための原理的な見方として、「ルール関係」と「フィーリング共有関係」という二つのキーワードを組み合わせて、考えをめぐらしてみました。

「ルール関係」というのは、他者と共存していくときに、お互い最低限守らなければならないルールを基本に成立する関係のことです。そして前著では、じつは学校もクラスも、むしろそういうルール関係を基本に考えなければいけないのですよ、というお話をしました。

　これに対して「フィーリング共有関係」というのは、とにかくフィーリングを一緒にして、同じようなノリで同じように頑張っていくという関係です。「僕たち仲間じゃないか。だから同じ価値観を共有して、クラス全体で頑張っていこうよ」というのが「フィーリング共有関係」です。これまでの学校やクラス運営というのは、こちらをメインにとった考え方だったわけです。

ところが今は、「フィーリング共有関係」だけに依存したクラス運営ではなかなかうまくいかない。先生の学級運営についても良い結果をもたらしにくいし、さらに生徒どうしのイジメの関係も温存される傾向が強い。だからむしろ「ルール関係」をきちんと打ちたてていく方向に、学校での基本的関係を組み立て直さなくてはならない。お互い守るべき範囲を決めて「こういうことをやってはいけない」という形で、実社会と同様にルールを共有することで、関係を成立させなければならない場になってきている、というのが私の考えです。

「ルール関係」と「フィーリング共有関係」とは、実際にわれわれが日ごろ築いている人間関係の性質を、論理上いったん区別してとらえ直すためのキーワードです。

もちろん実際の人間関係では、この両方の性格の関係が入り混じっています。純粋なルール関係、純粋なフィーリング共有関係というものを、具体的に求めることは非常に困難です。しかし、論理上は区別して考えることによって、人間関係をきちんととらえ直すまなざしを鍛えようということなのです。ルール関係を基本におくべきところに、フィーリング共有関係のみで関係を作ろうとするといろいろ問題が生じますし、逆にフィーリング共有関係が大切なところにルール関係を極端に持ち込むと、人間関係がギスギスしたものになってしまいます。その辺のことを混同すると、いろいろトラブルが生じる場合が多いですから、一度きちんと分けて考えるために、この二つのキーワードを提示してみたのです。

「事柄志向」と「人柄志向」

さて、この本では、右で指摘したキーワードとパラレルに呼応するような言葉として、「事柄志向」と「人柄志向」というキーワードを提示したいと思います。

自分がどういうつもりで人と関《かか》わろうとしているか、ちょっと難しい言葉でいえば「対他的意思」の、分節化の原理として、二つのキーワードを使って考えます。「志向」というのは、「そういうつもりで」人を見る、判断や評価をする、あるいは人に接し、関係を持とうとするということです。

「ルール関係」に対応するのが「事柄志向」です。「フィーリング共有関係」に対応しているのが「人柄志向」です。

のちほど詳しく述べますが、一言で言えば「事柄志向」は**相手の人格に影響されずに、事実のみをクールに見ていこうという志向性**のことです。反対に「人柄志向」は、**事実起った事柄そのものよりむしろ事実の背景にある文脈や相手の人、となりなどから判断しようとする志向性**のことです。

何ごとも分けて考える

この本で話題にしている「人間関係」でもそうなのですが、さまざまの問題に一定の解決を求めるためには、何ごともいったん「分けて考える」ことが基本だと思います。「考える」ということは、複雑でよくわからないものをいったん「分節化」し、それらを再び関連づけてとらえなおすということです（そのことを、少し難しい言い方で「分析と総合」と呼びます）。

事柄志向
成績が悪い
非行に走った
いじめをしている
人柄志向
本当はやさしい子
努力はした
かわいそうな境遇
分けて考えないと。

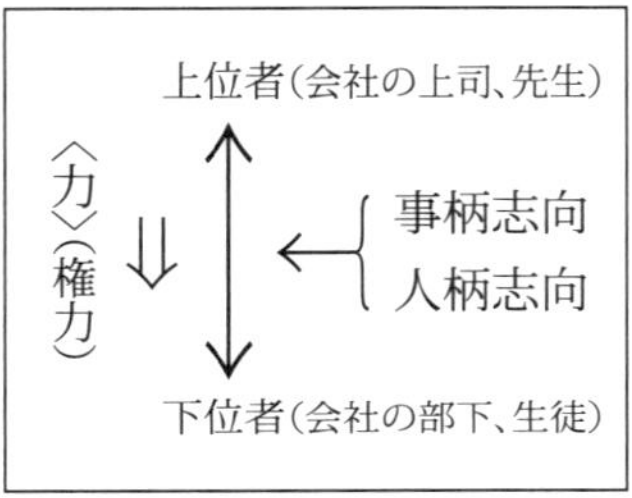

非対称的な人間関係についての
「見取り図の原型」

本書の読み方として、これから私が述べるアイディアを見たときに、それが自分にとってどのように〈使えるか〉という観点から、ぜひ理解して欲しいと思います。「なるほど、こういうふうに分けて考えるとスッキリするんだな」とか、逆に「これは私のリアリティからすれば、ちょっと観念的だな」というような批判的コメントも含めてで結構です。そういう点も含めて、「見取り図の原型」としての利用可能性をなるべく引き出せるような形で、読み取っていただければと思います。

学校の先生の中には、「私は現場主義でやっているから」と言って、何でも皮膚感覚や直感で乗り切ろうとする人もいます。しかし、いわゆる理論と実践というのは、いわば〈車の両輪〉なわけで、どちらか一方にだけ傾いても良いことはありません。やはり教育という、実践性がより問われるフィールドにおいても、〈見取り図〉の下絵をかける程度の理論的準備は必要でしょう。

また私は社会学という学問を専門としています。ですから、社会学という学問的発想をベースにした教育論を展開することになります。

教育学の専門家ではないことによって、かえって既成の枠組みにとらわれない形で、教育をめぐるいろいろな問題について、自由な立場から考え、発言することができるともいえ、社会学者としての私なりの立場をもとに、社会的、コミュニケーション論的観点から教育を読み解く努力をぜひ行ってみたいと思います。

社会学の「人格性《ペルゼンリッヒカイト》」と「事実性《ザッハリッヒカイト》」

「人柄志向」と「事柄思考」に分けて考える、という発想も、じつは社会学の古典的な概念の発想を応用したものです。

社会学では、人格性（ペルゼンリッヒカイト）と事実性（ザッハリッヒカイト）という対になる概念があります。近代社会の原理として、「人格的（ペルゼンリッヒ）な支配構造から、事実的（ザッハリッヒ）な支配構造へ移行した」という社会学の基本認識で使われるアイディアを、本書では換骨奪胎《かんこつだったい》して使っています。古典社会学の理論の核となる概念や豊かな発想を現代に生かす形で変容させ応用しながら、今の時代の問題を考えるキーワードとしてきちんと根付かせたいという希望が私にはあります。たとえばこの人格性と事実性という対概念は、教育の分野のみならず、社会のいろいろな問題を考えるときに、とてもいいヒントを与えてくれるすばらしいアイディアなのです。社会学の理論研究以外にも、ぜひ応用して使っていくべきだと私は考えています。

そして「人柄志向」と「事柄志向」というのは、教育のみならず、人と関わろうとするときの、二種類の精神的な構えを言い当てているといえるのです。詳しくはこれから論を展開するなかで述べるつもりですが、教育の現場の先生と生徒の関係なり、家庭における親と子の関係を見ていくときに、この二つは重要なキーワードになりますから、よく覚えておいていただければと思います。

学校における「共通基盤」と「先生のプロデュース領域」

もうひとつ、教育を考えるときに、腑分けして考えなければならないことがあります。私の考えでは、学校の先生方の活動は「共通基盤の領域」と、「先生のプロデュース

領域」の二つの領域に分けてとらえる必要があります。

たとえば、〝誰にとっても変わらない教育内容〟や、〝どんな場所や地域でも必要である学級指導の内容〟として保障されるべき領域が、ここでいう「共通基盤の領域」です。一方、学級で、先生の独自性が発揮される領域が、「先生のプロデュース領域」です。

まず、どんな先生であろうが、どんな学校であろうが、共通に位置づけられるべきものが共通基盤として必要です。その土台があった上で、先生の独自性が発揮されるのです。

先生の独自性が発揮されるのは、たとえばその先生の人柄によるのかもしれませんし、力量や人格的な能力による場合もあると思います。いずれにせよ、それぞれの先生が持つ「プロデュース領域」というものは、「共通基盤の領域」という前提の上にあるということです。

学校教育を考える場合、まずこの二つの区別とつながりをはっきりさせなければ、現実的な議論はできません。

たとえば公教育の小学校というところは、「共通基盤の領域」としては、どういうことをどこまで子どもたちに保障ができるのかということを、最もはっきりとしなければならない校種ですよね。つまり学校の基本仕様、これをまず明確にしておかなければなりません。

ただし、こういった共通基盤といえども、「どんな先生がやってもまったく同じようになりますよ」ということではありません。教育というのは、同じ学習指導要領や同じ教科書に準拠したとしても、各先生が持っている持ち味のようなものが出てきますから、必ずバラツキが生じるものです。

つまり、違いがでてきてしょうがないわけですけれども、そのブレがあまり大きすぎても公平な公教育とはいえなくなるわけです。どこまでを共通して保障できて、どこからが自分たちなりの独自なもの（プロデュース領域）なのかということを、少なくても意識化すべきだということを強く、感じています。

学校で一番大切なのは「欲望の統御の作法」を身につけること

こうした二重の領域区分を念頭に置いたとき、とりわけ「共通基盤の領域」を形成するためのキーワードとして次のような言葉を、ここで強調しておきたいと思います。

学校のみならず、親が子に対して何を伝えなければならないかというときのキーワードとして、私が最も基本だと考えているのは、「欲望の統御の作法」を身につけさせる、ということです。

かつての管理教育の場合は、欲望そのものをいかに封じ込めるか、極端に言えば、欲望の否定・完全封鎖みたいなところまで持っていこうとしました。

一方で、子ども中心主義を標榜《ひょうぼう》するいわゆる自由主義教育の場合はというと、「欲望の全面的肯定または開放」です。「子どもが〝ああしたい、こうしたい〟ということを、極力保障しましょう」というような方向です。

どちらも極端で、問題があるのはお分かりいただけるでしょう。欲望の否定でも、欲望の全面的肯定でもない、欲望の「統御」をキーワードとしたいと考えているのです。

子どもと大人の関係をどのようにとらえるかにも関わるのですが、子どもが大人になっていく過程で、「欲望の統御の作法」というものをきちんと身につけていかないとダメなのです。そうしなければ、本人がいちばん困るのです。世のため社会のためということではなく、まず、本人のためです。

たとえばこれは、ほとんどの大人が「子どものころもっと勉強しておけば良かったと思うか」と聞かれれば、「そう思う」と答えるのと同じような性格のことを意味します。

自由主義教育を標榜する人のなかには、子どもの自由を大切にするという大義のもとに、子どもの欲望そのものを統御することを忌避する人がいます。こうして、「子どものため、子どもの自由のため」という言い方で、「子どもの自主性」を重視するあまり子どもたちをいわば放任させてしまうことに、結果的につながってしまう危険性があるのです。

しかし将来、子どもたちが社会の正規のメンバー（つまり大人）になったときには、自由と引き換えに責任をも引き受けなければなりません。そんなときに、欲望の統御の作法が身体化できていないと、仕事をするにしても、家庭生活を営むにしても、地域社会とかかわるにしても、いろいろな場面で適応できず、やはり本人が一番、苦しむことになります。

ふつうならキレないようなことでもすぐキレてしまう、**キレやすい若者が増えている**

というのは、「欲望の統御の作法」の訓練が不十分な若者が増えたということです。これは、まわりが迷惑なのはもちろんですが、何より本人が苦しいはずなのです。苦しいためにキレるわけですし、そのことで社会から疎外されることで、さらに苦しくなっていくわけですから。

「管理」も「自由」も極端になってはいけない――「間《あいだ》をいく教育論」

「今の教育はあまりにもルーズだから」「ゆとり教育が失敗したから」という理由で、いわゆる「管理教育」というものを復権・強化させて、もっと厳しく制御したほうがいいという意見が聞かれます。

私はそういうことを言うつもりはありません。けれども、七〇年代から八〇年代にかけての管理教育がさかんだった一時期を除いて、日本の教育の基調は、「子ども中心主義」という意味での自由主義教育の傾向が比較的強かったといえるのです。そしてその**自由主義教育の傾向というものは、やはり多少行き過ぎだったのではないかという疑い**は、共通意識として持っておくべきだろうと思います。

たとえば、私が「これは行き過ぎではないかな」と思う象徴的な例として、「教室から教壇を取り払う」というようなことがあります。「先生と生徒は平等なんだから、立つ高さも同じにしよう」ということですね。

ここに象徴されるように、「先生の持っている権力性をいかに除去するか」ということを、中心的課題とするような教育論があります。私は、これは少し違うんじゃないかと思っています（この点については、実例とともに第六章で改めて述べます）。

管理教育の復権でもなく、自由主義教育を無批判に展開するということでもない、間をいくような教育論というものが、いま必要になっている、と私は考えます。

第二章　そもそも学校とはどんな制度か

この章では、「そもそも学校とはどういうものであるか」について、できるだけ共有できるようなイメージづくりをすることをめざしたいと思います。同じ言葉を使っていても各自のイメージがバラバラだと、議論がいつのまにかあらぬ方向に逸《そ》れてしまいますからね。

ですから、「学校教育」を議論するときにも、「そもそも学校とはどういうものであるか」について、できるだけ客観的な前提を共有しておく必要があると思います。

学校はどんな目的で作られたのか？

そもそも学校とはどんな場なのか。学校というものの共通基盤を確認しておくために、その成立の歴史を見ておきましょう。

近代の学校制度は一八七二（明治五）年、学制が頒布されることに始まるといわれます。もちろん、それ以前の江戸時代の寺子屋などからの連続性を考えれば、いろいろな形で学校の起源をとらえることはできるでしょうが、近代の学校制度に関するいちばん一般的なところでいえば、学制の頒布をもって、学校制度の始まりとみることができます。

学校を歴史的に見て、明治新政府がそもそも学校を作った目的から、私が思い浮かべるキーワードは、**「産業的身体」**の育成というものです。

この「産業的身体」をどう形成するかということが、近代の学校制度の要《かなめ》にあったと考えられるのです。

「殖産興業」という言葉に象徴されるように、明治以降日本は、富国強兵と対になる形で、産業化の進展を推し進めました。日本の産業化は、まずは繊維業を中心とする軽工業において発達し、その後重化学工業の発達へとシフトしていきます。そうした流れのなかの先駆けとして、中学の教科書にも出てくる富岡《とみおか》製糸工場に代表される工場制手工業において、工場労働に適合的な身体の訓育が必要となったのです。

まず「産業的身体」の核としては、**「時間」**と**「規律」**ということがキーワードになります。

学校には当然のように「時間割」というものが存在します。「カリキュラム」ともいわれますね。こうした時間割というものは、産業的身体性にとっては当然のものでも、より自然環境に埋め込まれた近代以前の生活のあり方からみれば、とても窮屈で奇異なものであったはずなのです。なにより、何時何分になったらこのように動く、このような作業をするといったことを実現するためには、正確に時刻を表示する時計、そして一定の広い地域を同じ尺度の時刻で表示するための基本となる「標準時間」という考え方と、それを支える技術がなければなりません。そしてそれ自体がまさに「近代」の産物といえるのです。

「時間割」の目的は、この時間は何をする、この時間は別の何かをするというように、時間ごとに区切って作業を分割し、効率性を追求することを身体化し、身につけさせることにあります。

近世までの庶民の生活の基本だった農業労働が、近代の工場労働に代表されるような産業的身体（インダストリアル・ボディ）にとって代わられることで、一体何が違ってきたのでしょうか。近世までの庶民の主たる働き方である農業労働は、作業を始める時間が日の出であったり、労働はお日様が出ている間にするという、自然の時間の流れに即した身体感覚を活《い》かしたものでした。それが近代以降の工場労働では、時計によって正確に計られた時間（クロックタイム）のもとに、たとえば始業時間が八時半で終業時間が十七時十五分というように定められるようになります。

つまり、季節や天候に左右されないような仕事のあり方というものが、近代の産業化の進展と共に、庶民に大きな生活の変化をもたらしたわけです。

その中では、たとえば「ながら仕事」というものも禁止されていきました。近代以前は、農作業をしながら雑談したり、歌を歌ったりすることはいわば日常の風景でした。それが、民謡や民俗舞踊の原点です。農閑期に手仕事をやる場合も、車座になって、みんなとお話ししながら手を動かしていました。そういうことが当たり前だったわけで、「労働」と人々の「コミュニケーション」というものは、前近代では、ほとんど未分化な形で同時にあったわけです。

ですので、明治時代に製糸工場が出来たときに、工女さんたちに働いてもらうために現場の監督が非常に苦労したのが、私語をしないで仕事に専念させることだったそうなのです。工場での労働は、それまでの、「みんなでお話しをしながら手仕事をする」ということとはまったく違う身体性が要求されるわけですから、それを人為的に作り上げていかなければならなかったわけです。

学校でわれわれが当たり前だと思っている「時間厳守」「忘れ物をしない」「私語は禁止」「気分が乗らないからといって休むな」ということは、みんな近代の産業社会の担い手として、われわれ国民に要求された身体性だったのです。そしてそうした身体の基礎を作り上げるのが、学校という訓育の場だったということです。

戦後は「公民」としての教育

それともう一つ学校が果たしている役割は、「社会の動きに合わせた人々の意識」を涵養《かんよう》することです。

戦前は「国民意識」の形成ということが重要でした。とくに戦時中は、皇国教育という形で極端になりましたが、やはりどんな国でも近代国家が作られていくときには「国民意識」が要請されることは、歴史上ほとんど必ず起こっています。

戦後になっていわゆる「市民」教育が始まるわけですが、じつは市民という言葉よりは、学習指導要領などに出てくる「公民」という言葉を用いた方が、その理念が伝わりやすいかもしれません。公民という言葉を聞くと、私たちはすぐに中学の「公民分野」を思い浮かべるかもしれませんが、この言葉はいわゆる「公民分野」に限った言葉ではなくて、小中学校の「社会科」に共通するキーワードとして位置づけられています。そして「公民的資質」という語が社会科全体のキーワードとして位置づけられています。

この公民的資質の一つとして国民意識が位置づけられます。つまり、国として「安定的に維持・発展させていくには、国民にどういう国民意識を持ってもらいたいか」ということが教育に反映されるなかで、公民的資質を作り上げる場として学校という空間が位置づけられるということなのです。

こうした産業的身体の育成と国民意識の形成といった二つの役割は、基本的に今日でも続いています。産業的身体の話に戻りますと、今でもこの考え方は失われたわけではありません。たとえば「これからはパソコン教育と英語教育にますます力を入れなければばならない」という議論がさかんに行われていますが、これは現代社会にみあった産業的身体の育成に向けた新たな要請なのです。パソコンも英語も、ＩＴ革命とグローバル化をにらんだ身体スキルの要請なわけです。

学校は社会に有用な人材を育成するという目的と常に裏腹の関係にあります。

学校は「すばらしい人間を育てる場」ではない

結局、学校というところは、その時々の「社会に適応できる人」「社会に有用な人」を育成することが第一の目的である、と言ってもいいと思います。

しかし皆さんは、あるいはマスコミも、ほとんどの先生ですらも、ややもすると「理想的価値」を身につけさせるとか、「道徳心」を高めるとか、「すばらしい人間を育てる場」というイメージを、学校に対して期待しがちだと思われます。とくにまじめな先生ほど、その思い込みが強いという傾向があるように思います。しかし、あまり理想を高く設定しすぎると、現実からのしっぺ返しも強くなります。

ここまで述べてきた中で、とりわけ私がとくに言いたかったのは次のようなことです。

まず学校というのは、そもそもの成り立ちとして、産業的身体を作ったり、その都度の社会に適合的な人間の意識を作るということが、ベースになっている場でした。もともと、過剰に高邁《こうまい》な理想をもって、人間の資質や個性を伸ばそうとして生まれた場所ではないということです。そして「学校」が持つこのコンセプトは、形を変えつつ、現在までも変わっていないと考えられるのです。だからそこを出発点に、学校という器を考えたほうがよいと私は思うのです。

ですからあんまり肩肘《かたひじ》を張らずに、初めから学校という場をあまり理想化して思い描かないほうがいい、というのが、私が主張したい第一のポイントです。「しょせん学校」という制度なのです。もちろんすぐその後には、「されど学校」という言葉が続くわけなのですが。

つまり、あまり学校を理想化せずに、バランスの良い学校イメージを保っていこうということが、私の考えのポイントなのです。

学校教育の否定は簡単。でもそこからは何も生まれない

ところで、このような「産業的身体の形成」とか、「社会に適合的な意識の醸成」という指摘をしたときに、「学校はしょせん社会に都合のいい人間を作り出す装置だ」というような、非常に否定的なイメージを抱かれることもあります。フランスの哲学者のミシェル・フーコーなどを好む知識人などが、時おりそういう否定的な傾向で学校を語ったりします。

私も、「学校とは元来、人それぞれの本当の能力や本当の幸せを追求して出来た制度ではない」というのは、それはそのとおりだと思ってはいます。しかしだからといって、学校を批判的にとらえ直すことが「学校的なるもの」を全部否定してしまうこととイコールで結びつけていいとは思っていません。だから、ある程度「まあ、学校ってそんなもんですよね」と楽に構えて、そんな学校が持ちうるキャパシティの中で、学校に対する期待値をどのぐらいに設定すべきなのかということを、もう一度考える時期に来ているのだろうと思います。われわれ大人も含めて、子どもたち自身も。

学校の理想化もダメだし、学校への絶望視や全否定というのも、私はちょっと違うと思うし、そこからは何も生まれないと思うのです。

「子育ては仕事」は、近代になってからの概念

ところで、ここまでの近代教育制度の話は、育児や子育てともパラレルになっています。

子育てという活動は、昔からあるというように考えられがちですが、「子育て」が母親が中心として担う大切な仕事の一つであるというふうに認知されるのは、じつは近代になってての出来事なのです。

『〈子供〉の誕生』（みすず書房）という有名な本を書いたフィリップ・アリエス（一九一四〜八四）というフランスの歴史家がいます。彼によると、「子ども期」というものが注目され、「子育て」というものが独立した仕事として生まれるのは、「近代家族」というものが形成されてきた時期と重なっているというのです。つまり、子どもを「養育の対象」としてきちんと育てようとする大人の育児姿勢は近代的な感覚だというわけです。

アリエスは『〈子供〉の誕生』において、〈中世には「子ども期」という認識は無く、いわゆる子どもは「小さな大人」として扱われていた。子どもが家庭の中で中心的な位置を占め、丁寧で親身な子育てという近代的子ども観は、十八世紀半ばくらいまでに成立した〉と主張しています。

さらに「家事」というものが自立した領域として認められるのも、近代になってからだといわれています。社会学者の落合恵美子さんのまとめによると、イギリスでは十九世紀になってようやく「家庭料理」というものが注目され、料理法の紹介が中心である「家政読本」がベストセラーになるということが起こりました。もちろんそれまでの人たちが食事をしなかったわけではないのですが、「料理」という名に値しないほど簡素なものだったようです。「庶民には食生活はあったが、料理といえるものはなかった」というわけなのです。またフランスの農村部では、二十世紀のはじめまで洗濯は年に二回の年中行事だったようです。しかるべき時期が来ると、「家々の女たちは、半年分ためて汚れたシーツや下着類を何日もかけて」洗ったといいます（落合恵美子『21世紀家族へ』有斐閣選書）。

社会生活のこのような全体的な変化の中に、子どもを学校に送るということもまた位置づけられるのです。

つまり、近代家族、子育て、そして学校教育というものは、一つのセットになって、近代が準備したものといえるのです。

違う角度から言えば、いまの教育制度というものは、昔から、そして未来においても、当たり前のようにあるものではなく、たかだか百数十年程度の歴史しかない仕組みであるということです。この辺の知識を確認することによって、学校を絶対化するのではなく、少し引いたところから冷静にとらえ直すきっかけになればいいと思うのです。

「座学」の大切さ

この章の最後に、今の学校における子どもたちの身体性の変容ということと関連して、私の体験した話をします。ある専門学校で教えていた時のことなのですが、こんな学生がいました。私がある授業で「テキストを指定して、それに沿った講義をします」と説明すると、「先生、本は自分で読めばわかります。だから講義は要点だけを要領よくまとめてしゃべってください」と言うのです。

よほど本を読む力がある特別な学生なのかなと思ったのですが、どうもそうでもないらしいということはだんだんわかってきました。そしてどうやら彼女は、本というものは、開いて自分で読めば、簡単に理解できるものと思っているようだったのです。

このことと関連して現在少し心配になってきていることが、この頃《ごろ》は全般的に「座学」が軽んじられる傾向にある、ということです。

たとえば、「総合的な学習」というものがもてはやされて（基本的にはそれ自体は悪いことではないのかもしれませんが）、いろいろな情報を編集する能力については学校でいろいろ力をいれている。しかしその分、既存の学科の基礎的知識や理解の取得に結び付く作法である「座ってじっくり勉強すること」の大切さを生徒たちが教えられていないし、理解してもいないという問題があると思うのです。

教育現場には、「座学〝だけ〟ではダメだ」という雰囲気があります。しかし座学は実はとても大切な身体作法だし、そうそう簡単に習得できるものでもないと私は思っています。一冊の本を読むということを例にとっても、たとえ平易な日本語で書いてあるものであったとしても、誰《だれ》でも一律に同じ内容が読み取れるといった代物ではなかなかないのです。本を読むというのは書き手との対話ですし、相手が何を伝えようとしているのかは、読み手がどのような構えをしているか、いわゆる行間をどう読み取るかによって、だいぶ違いが出てくるものなのです。

人が何かを理解するという場合、まず「頭脳レベルの理解」というものがあります。理性の力をせいいっぱい駆使して、理屈（論理）でわかろうとするレベルですね。しかしそれだけでは理解というものは終わりません。相手が伝えようとしていることについて、自分の体験に引きつけて、なるべく具体的なイメージに近づけて理解しようとする。これが「身体的了解」ということへとつながっていきます。そしていわゆる「腑《ふ》に落ちる」という感覚が訪れるのです。さらにそれが「自分ならこう考える」という、自分なりの解釈をしてコメントできるところまできてはじめて、相手の言っていることを理解したということになるわけです。

本を読むにしても、ただ読めば一様の解釈ができるわけではありません。テキストを用いた授業をする場合、多くの教師はそのテキストに沿って、行間に隠されている意味を説明したり、たった三行でしか書かれていないことでも、「背景にはこういうことがあって」ということを説明しているはずです。それがわかる学生はいいのですが、わからない学生は「テキスト（教科書）どおりの授業だった」「テキストがあるなら、それを自分で読めばわかる」というような理解しかできません。

右で挙げた学生の例に戻りますが、その学生は、教科書を使い私が説明を始めると、完全に睡眠に入ったりするのです。教科書は読めばわかると思っているので聴いてないわけですね。静かなのはいいのですが、教室のテンションが下がりますので「起きなさい」と注意すると、今度は、その子はまるでマンガのキャラクターのような奇声を上げて、大きくのびをして起きました。

別に反抗的態度でそうしている風でも無いのです。単にぐっすり眠っている途中でふいに起こされて、思わずそういう反応をしてしまったという感じです。要は、「授業という、自分が公共的空間に置かれている場での振舞い」というものがまったく身体的に自覚化されていないのです。自分の部屋でテレビを見ながら寝てしまって、彼氏に「よう、起きろよ」と言われたときのような状態とまったく変わらないのです。

じつは問題なのは、彼女は故意に悪い態度をとっているわけではない、ということです。決してふてくされているとか勉強がいやだというのではない。気分が乗っているときは集中して熱心にノートを取っていたりするのです。でも体調が悪かったり気分が乗らないときは、社会性がゼロの状態にまで、身体の秩序性が崩れてしまうわけです。

公的な振舞い方と、私的な振舞い方との区別ができていないし、フランクに振舞うということと、折り目を保った振舞いをすることの区別がないというか、システム論の言葉でいう恒常性（ホメオスタシス）の感覚が欠如しているのかなと思います。恒常性というのは、たとえばサーモスタットのような機能を思い出してもらえば良いのですが、室温二五℃なら二五℃といったように、ある一定の状態を保とうとするシステムのことです。恒常性の感覚が身についていない学生が時折見受けられるのです。しかし、学校という場で学びとるべきことには、喜怒哀楽という感情の揺れをあまり爆発させずに、それなりにやり過ごす作法を集団のなかで身につけるということがあると思うのです。

学校の役割の中には、子どもたちにこの恒常性感覚を学ばせるということもあるのだと私は考えます。

学校は「ルーティンの場」である

別な角度から見てみると、「学校はルーティンの場」である、ということです。つまり、教育の場としての学校は、お祭りやイベントのような非日常的な活動が中心なのではなく、日々繰り返して同じようなことが行われる「ルーティンの活動」があくまで中心であり、ルーティンの中で「基礎的な知識と公共的な振舞いの基本を学ぶ場」だということです。

「ルーティンの場」ということは、学校はイベント会場やお祭り会場ではないということです。ときおりそういう要素は、「学校行事」という形で含まれるにしても、学校はあくまでもルーティンの場なんだということをもう一度しっかり確認して、生徒に対してもそういう形の身体教育をしたほうがよいと私は考えます。

学園ドラマなどをみていると、毎回イベントのような出来事が起こって、そのことで泣いたり笑ったりして、最後は団結していじめなどを乗り越えるというのがパターンですが、現実には、**祝祭性をおびた非日常的な状況**が、そうそうしょっちゅう展開するわけはもちろんないのです。

恒常性感覚の育成の場としての学校

先に述べた、恒常性《ホメオスタシス》の感覚とつながるのですが、学校で学ばなければならない身体性のポイントは、いろいろ予期しない体験があることは前提で、それを自分自身のなかで処理できる能力、恒常性を保つことができる能力を養うということだと私は考えます。つまり**日常的な連続性に耐えうる身体性を保つ**ということです。

ところが今の子どもたちは、いろいろ予期せぬ出来事が起こると、そのいろいろあることに振り回されてしまって、恒常性を保とうという意識の灯明《とうみょう》みたいなものが消えてしまうのです。

欲望の制御の作法が身体化されていなくて、自分の気分で身体がぐらぐら動いてしまうのですね。気分が乗ってるときはとても集中力を持っていても、乗ってないときは、体そのものがぐにゃぐにゃになってしまうということが起こってしまう。

つまり明治以来の産業的身体化の形成という側面が、場所場所の学校によってはかなり崩れてきているのかもしれません。「毎日毎日同じことを、規則正しくやる作法」を身につける場としての学校の機能が、揺らいでいるということです。

日常的な繰り返しに耐えることが、昔以上に難しくなってきています。なぜかというと、「こういう産業的身体を作っておけば、将来いい暮らしができる」という、高度成長期ぐらいのメンタリティの自明性が崩れてきているからです。「こんなシンドイことを繰り返してやってたって、どうなるの？　会社なんて平気でクビ切るし、社会保障もこの先アテにならないし」というわけです。

その一方で、今の十代の、より若い子の方のなかには、（当人たちが直接こう言うわけではありませんが）「産業的身体性を身につけておかないと、この先もっと大変なことになるぞ」という危機感を直感的に感じ取っている子が増えている気がします。「働きたくないから働かない」「何のために働くのかよくわからないから働かない」「正社員になると拘束性が強くなるからいやだ」というのが、景気のいいときのフリーターの考えでした。しかし、正社員志向や安定就労志向が若い世代にもだんだん浸透している現在、いま社会的なポジションをきちんと得ることはなかなか厳しいという現実に直面して、いまの若い子の意識が少しずつ変わってきていることもまた事実です。

恒常性感覚というのを、近代以降の日本はとても大事にしてきました。勉強の仕方も基本の反復、繰り返し学習というものが強調されていました。それだけではたしかに息がつまることもあるけれど、あまりにもそういうものがなくなってしまっても大変です。

学校のカリキュラムのなかにいろいろなメニューがますます増えているのに、総体の授業時間は減っている。そうした状況のなかで、反復・繰り返しを重ねることによって学習内容を身体的に了解化させる時間がほとんどなくなってしまっていることは、実は深刻な問題ですね。

「姿勢を保つ」ということ自体が、現代の若者の身体的性格からいっても非常に難しくなっています。最もこうした身体をめぐる変化は、単に心理的なものばかりではなく、生理学的な要因も関係しているかもしれません。たとえば、背筋力や大腰筋の力が弱くなっているなどといった、人間の体の本質的変化も関係するのかもしれませんね。

第三章　クールティーチャー宣言

前章で「学校」という制度について再確認しましたので、この章では「先生」について少し考えてみたいと思います。

先生は重労働

先生のおかれている状況が非常に過酷だということが、最近はマスコミでもようやく紹介されるようになりました。ここで改めて先生の一日の例を見てみましょう（五六～五八頁）。Mさんという宮城県仙台市内の大規模校の小学校の先生の場合です（みやぎ教育文化研究センター「センターつうしん」No.四九を参考に作成）。

表をみてもらうと「六時半起床」から細かく書かれていますけれども、まず生徒指導をやりながら給食指導、打ち合わせ、帰りの会議など通常の仕事があります。夕方から

■M先生の十一月のある一日（小学校五年生担任、仙台、大規模校、男性）

6：30　起床。

7：10　**家を出る。**車の中でおにぎりとコーヒーで朝食。ラジオを聴きながら今日一日のことに思いをめぐらせる。最近がんばっている子、元気のない子の顔が浮かび、どんなふうに声をかけようか、あれこれ考える。

7：55　**学校到着。**昨日の振り返りと本日のイメージ作り。

8：05　**教室、学年スペースの見回り、雑談。**なるべく元気にあいさつして、教室に明るい雰囲気を作る。朝から働いている子を激励し、動きの悪い子には「今からやろうとしているね」などと声をかけておく。前日指導したり、気になった子などに声をかけ雑談。朝の課題を知らせる。

8：15　**学年の先生と、今日の一日の流れなどを確認する。**

8：25〜8：35　**校内打ち合わせ。**

8：35〜8：45　**朝の会。**健康観察、スピーチ、連絡など。

8：45〜9：30　**1時間目。学芸会の練習。**朝からの劇の練習なのでテンションを上げていく。自分は本当は元気がないのだが、大げさな身振りやセリフ回しをして見せて、そのような演技のよさを伝える。教室にそんな雰囲気ができるまで、ひとり延々とピエロになって奮闘する。

9：30〜9：33　**練習を終え、子どもにアドバイス。**もう少しで役になりきれそうな子を呼び、アドバイスをして自信を持たせる。それを見ている他の子も、がんばろうと思えるように。

9：33〜9：40　**提出物チェックなど。**宿題などの提出物を数え確認。頑張っている子や頑張りはじめた子、珍しく出している子に声をかける。

9：40〜10：25　**2時間目。国語。**

10：25〜10：45　**打ち合わせ、休息、次時準備。**学年の先生と、1時間目の反省やこれからの指導内容の確認。

10:45～11:30 **3時間目。社会。**
11:30～11:40 **準備、着替え。**
11:40～12:25 **4時間目。体育。**
12:25～12:35 **保健室付き添い。** 授業終了後、倒立しようとした子が頭を打ち、念のため保健室へ。（学校の指示で、大事がないと思われても、頭を打ったら保健室で診てもらうことになっている。）
12:35～12:45 **給食準備指導。** 見通しをもって早く行動できるように声がけなどする。手洗いを呼びかけ、ダラダラしている子には皆を待たせていることに気づかせる。
12:45～13:00 **給食指導、丸つけ。** おかわりの声がけをしても残っているおかずを分配。放送を聴かずにいるグループには、放送委員会が頑張って準備している様子など伝え、マナーや思いやりについて考えさせる。
13:00～13:05 急いで給食を食べる。
13:05～13:10 **後片付け。**
13:10～13:15 休息。
13:15～13:25 **打ち合わせ、情報交換。** 午後の日程確認。学校の配布物の確認。学年の先生と、各クラスの気になった子や頑張っていた子などについて情報交換をしつつ、午後の英気を養う。
13:25～13:30 **廊下を走る子をパトロール。** つかまった子は一緒にパトロールする。（自分はパトロール側だという自覚から、走る子がずいぶん減った。）
13:30～14:15 **5時間目。算数。**
14:15～14:25 **まるつけ。** 5時間目のテストの丸つけで、終わらなかった分を行う。
14:25～15:10 **6時間目。家庭科。**
15:10～15:30 **清掃指導。**
15:30～15:40 **配布物整理。** とくに今日の日付のものは念入りに渡す。自分自身、整理整頓《せいとん》が得意なほうではないので、連絡帳を渡し忘れてはいないか気を遣う。

15:40〜15:50 **帰りの会**。

15:50〜16:20 **下校指導、地区巡視**。防犯子供を守ろうデーの地区巡視。横の列が広がらないように声がけをする。学年を問わず一人で帰っている子に話しかけ、学校生活の様子を聞いたりする。

16:20〜16:55 **配慮を要する児童についての支援会議**。特別支援が必要と考えられる子どもの様子について職員間で情報を共有する。

16:55〜17:05 休憩。

17:05〜17:30 **学年会**。これからの日程の確認や準備について話し合う。学年だよりの中身の検討。

17:30〜18:00 **提出物丸つけ**。授業のノートにコメントを入れたり、丸つけをする。色分けしたり、感想や疑問を書くなど、自分なりに工夫している子のノートはコピーをとって紹介する。たくさん書いた子、あまり書けなかった子はとくに励ます。ノートを見ながら、自分の授業の反省も。

18:00〜18:25 **今月の学校内の安全点検をまとめ、教頭と事務長に報告**。

18:25〜18:40 **教室整理**。自分の机や教卓など教室を整理。子どもが気持ちよく登校できるようにする。

18:40 **退勤**。

19:20 **帰宅**。夕食、後片付け、風呂。

21:00〜22:30 **明日の準備**。たいてい、教科書を見て、今日の子どもの様子を浮かべながら授業プランを考える。とくに、どんな問いかけをするか、どんなつまずきが考えられるか、どんなやり方で考えさせるかなど、眠りにつくまで考え続けることも。プランはノートに書き、板書も考える。学級だよりを作ったりもする。(神経が疲れているときは何もしない。子どもが怪我《けが》をしたときやケンカがあった日はとくに疲れ、引きずる。)

22:30〜24:00 読書。小説を読み、まったく違う世界に入り込むことで現実逃避する。

24:00 就寝。

配慮を要する児童についての支援会議、学年会があって、提出物の丸つけをやって、自分の担任の教室の整理などをやり、十八時四十分に退勤。食事や風呂《ふろ》などを済ませて、二十一時から明日の準備。帰宅後も仕事はあるのです。現役の中学の先生に聞き取りをすると、こうしたことに加えて、夜間、問題生徒の家庭訪問をするケースもあるようです。またモンスターペアレントに対する対応に時間をとられるということもあります。やはり先生の仕事は、かなりきついですね。

こうしてみると、教室での子どもたちへの教育以外の面でも先生の負担がかなり大きいことがわかります。何が大変かというと、いわゆる事務的作業と生徒・児童への教育の仕事が未分離のまま、先生たちの肩にかかっているということです。その結果、本来の仕事である、教材をきちんと研究した上で授業を作っていく時間的ゆとりが無い状況が生まれているのです。

予算措置が必要になることなので、文科省や財務省はとてもいやがるのですが、ここはやはり、学校事務の専門職員をきちんと配置して、先生がより教育に専念できるようなシステムなり人材配置を本気で考えるべきで、行き届かない部分があったときに先生だけを批判するのも酷なような気がします。

どうしても小集団に分裂するクラスを統率する難しさ

先生たちが果たすべき役割が量的に多いということの他《ほか》にも、先生たちが精神的に負担を背負い込まされる要因として、最近ますます顕著になっている、クラス運営の難しさということがあります。

小・中学校あたりではとくに顕著なのですが、どんなに少人数のクラスでも、男子ひとかたまり、女子ひとかたまりというような、以前のような大きなグループにはならないのです。もっと小分けされた小グループ、通常二、三人からせいぜい五人未満ぐらいの、小グループからなる友だち集団というものに分かれているのです。

なぜこのことが問題かというと、グループ以外の子どもたちとは、たとえ同じクラスでもあまりコミュニケーションがなされないからです。それどころか、特別に何かもめ事があるわけもないのに、潜在的な対立・敵意から生じる緊張感を醸し出している場合が多いのです。これは、多くの先生がいつもそう言ってこぼしますし、私も、学校の現場を見させて頂いたときに時折感じることです。

こういう小グループは、非常に親密で過度に相互に依存した形で閉じた集団になる場合が多いのです。集団内部でも、半ば強迫観念で常にメールで連絡を取り合ったり行動をともにしなければならなかったり、その場にいないときに悪口を言われているのではないかと怯《おび》えていたりという問題を抱えています（『友だち幻想』の中では、私はこれをそれぞれ「同調圧力」、「スケープゴート理論」と呼びました）。

さらに問題なのは、こうした小グループは、ほかの集団に対する「排他性」というのがとても強くなるということです。昔なら、クラス同士の対抗意識や、隣村への対抗意識みたいなものがありましたが、いまは友だち集団どうしの緊張関係のようなものが、非常に強くなっています。昔なら、いったん家に帰れば親の知らないところで子どもたちがネットワークを強化することは困難でした。仲間の絆《きずな》を強めるためには、誰《だれ》かの家に集まるとか、家庭電話でやりとりをするといった方法が考えられました。いずれもだいたい親もそうした子どもの関係のつくり方を把握できるやり方です。しかし携帯電話やメールがコミュニケーションのツールになることによって、子どもたちは、親や先生の知らない所で、たとえ放課後であっても、クラスの仲間関係を強化しながら気に入らないクラスメイトの排除を働きかけることが可能となったのです。いやでもクラスの小集団の関係を切ることができないのです。

そのため、クラスを一つにまとめるというのは一苦労です。クラス担任の仕事というのがものすごく大事だなと思うと同時に、とても大変になってきているなと私が思う理由がここにあります。

こういった場合、小グループからなる、直接的・同質的な集団の間に、そのつどそのつどのネットワークというものが作れるかどうかがポイントになり、そうしたネットワークを仕掛けられるかどうかで先生の力量が問われるのです。ネットワークを作っていく方向に、絶えず先生が仕掛けをしなくてはなりません。担任の先生は、クラスの「コーディネーター」としての役割があるという意識を持っていなければならないのです。

どのようなコーディネートが考えられるかを具体的にいうと、そのような小集団を解体させるのではなくて、それこそ先生なりの力を行使しながら、たとえばまめに席替えをしたり、掃除当番のメンバーを変えたり、いろいろ仕掛けをしてネットワークができるようにしなければならないということです。とにかく何がしかの小集団相互のネットワークを作る必要があるのです。そういう力を働かせないと、小集団のどこにも属せない子、集団から弾《はじ》き出されてしまった子たちのクラスでの「居場所」が、すぐになくなってしまいます。

「みんな仲良く」は実現不可能

このような状況で、とにかく「みんな仲良くしなさい」「同じ子とばかり遊んでいないで、違う子とも遊びなさい」と声をかけてまわる先生がいます。私の知っている周囲でも、小学校の先生などによくありがちです。

確かに「みんな仲良く」は理想でしょうが、『友だち幻想』でも述べたように、現実にはこれはかなり難しいことです。とくに女子の生徒・児童はこの手のことに敏感ですから、先生の見ている前ではわきあいあいと振る舞ってみたりみんなで大縄跳びなどをしてクラスの一体感を「演出」してみせることもできます。でも、先生の見ていないところでは、またすぐに小グループに戻ったりしています。

だから考えるべきなのは、「みんなで仲良く」ではなく、小集団を認めつつ、ネットワークをどのように作れるかということです。あるいは、孤立する子どもを無くしたり、あまりにも対立が激化しないようにするにはどうしたらいいかを考えていくことです。そのためには、まず子どもたちの「つながりのマッピング」してみるといいと思います。

つまり関係のマトリックスを描いてみるのです。各クラスの子どもたちが、どういう関係で結びついているか、こことここのグループは対立しているとか、こことここは並存関係だとか。

そういうことに敏感な先生ももちろんいるのですが、中には無頓着《むとんちゃく》な先生もいて、いじめが実際起こっているのに「うちのクラスは全員仲がいいですよ」と言うのを聞いて、内心「ええーっ？」と思った体験をしたことがあります。

やはり担任の先生は、クラスのメンバーがどういう相関関係にあるのかということは、最低限把握しておくべきです。そこからどうそれを流動化することができるのかが考えられるわけですから。子どもたちのほうは、当然自分たちの中で関係の見取り図ができ

この子たちは
仲が悪いから
席をはなして
様子をみるか・・・

ていて、それを配慮しながら動いています。そうした既存の関係を解体して先生の力で再構成するというのは、ちょっと無理なことだと思います。既に出来上がっている関係を全く壊して新しい関係を作らせるのではなく、なるべく相互のユニットの間に流動性を持たせることが大事なのではないでしょうか。

「体験重視の学習」は、先生のプロデュース能力に依存する

もうひとつ、いまの先生たちには大きなプレッシャーがあります。最近、「知識よりも体験重視の学習」というようなものが、より求められる傾向にあるということです。「知識より体験重視」というのも一見もっともな意見なのですが、これもその意味と実現可能性をきちんと分節化して考えていかないと、極端な話「知識だけ持っていても役にたたない＝知識は悪だ」みたいな方向にいってしまうことは、これまでの教育の歴史をみても明らかです。教育における単純化というのはよく起こりがちなことで、たとえば、学園ドラマなどでは「優等生＝実はいやな奴《やつ》、落ちこぼれ＝実は根がいいヒーロー」というステレオタイプが定着していますよね。マスコミが主導して作られるこうい

う世論形成には議論の余地が大いにあると思うのですが、その問題はまたの機会に譲りましょう。とりあえずここでは先生の話をします。

さて、「知識よりも体験重視」ということによって、学校がフェスティバル化（祝祭化）している側面があるかもしれません。体験重視の学習というのは「常に新しい発見」を目指すようなところがあります。しかしこのことをまじめにやろうとすると、とても入念な下調べや準備が必要です。一つのテーマにものすごく時間をとられて、先生もまた生徒にも大変な負担になるのです。

総合的な学習を中心とするような、いわゆる「ゆとり教育」の目指したものというのは、学校というかなり時間的・空間的に制限された、あるいは人材的にも制限のある場に対して、とても過大な理想主義的な教育を導入しようとする実験だったのかなという気がします。

全国の先生方のモデルとなるような、ものすごく優秀な先生には確かにできるのです。そういう先生と出会えば、生徒の方も飛躍的に知的関心が高まることは確かにあり得ます。またモデル校となるような学校は、一般に生徒の質も高いのが普通です。

しかし公教育というのは、まず「共通基盤の領域ありき」なのです。ゆとり教育というものは、学校の共通基盤よりも、むしろ先生のプロデュース領域にとても大きく依存した教育のあり方を要求したものとなっています。プロデュース能力の非常に高い先生を標準的モデルに設定し、「学校の先生であればこれぐらいできて当然でしょ?」というような一種の〈脅し〉を文科省は先生方にかけている。また保護者もそんな風に先生をみていると私は思っています。

それが文科省の官僚の、「総合的な学習ぐらい担当できないで先生といえるんですか?」という台詞《せりふ》にもなるのですが、一方で「そういうことが言えるほどきちんとした先生の養成をする基盤をどのくらい整備してきたのか?」と言いたくなります。先生の地位ひとつを見ても、よく比較されるフィンランドでは、先生の地位は非常に高いわけですが、日本ではいろいろな面で必ずしもそうではないわけですから。

学校の共通基盤の領域というものをベースに考えたときに、やはりカリキュラムの見直しというのはあるべきだったのかなという気がします。でもやはり共通基盤だけではダメで、先生というのはあくまでも自分なりの創意工夫でやっていくもので、そこにある程度の差が出てくるというのはやはり仕方ないことです。

ただ、これはよくわかってほしいと、私が先生と親御さんたちに強く願っているのは、何度も繰り返すキーワードですが、「事柄志向」と「人柄志向」との区別です。それは結びつけたほうがいい場面ももちろんありますが、でもいったん区別して理解することが大切です。自分はいったいどちらの志向性でもって、子どもに接しているのかという点検が、絶対に必要だと思います。

「私は生徒のことを思ってやっています！」という言い方だけではっきりいって甘いと思います。その「思い」の方向性が、事柄に向けられているのか、人柄に向けられているのかを大人は冷静に自己診断する必要があるのです。多くの場合、先生でも親でも、子どもたちの人柄に向けて、あるいは未分化のまま混同して、判断しているわけですから。

熱心な先生ほど、「人柄志向」が強い？

昔と比べて、先生の仕事は量も増えましたし、処理すべき問題も複雑になっています。

高度な問題解決能力が要求される今こそ、第一章で提示したキーワード、とくに「事柄志向」と「人柄志向」に分けて考えることが必要になってきていると思います。

しかし、仕事柄多くの小中学校の先生に会ってお話しをする機会がありますが、よく思うのが、教育熱心な先生ほど「人柄志向」の傾向が強いということです。

とりわけ小学校の先生にお会いして話をうかがうと、「子どもは無限の能力を持っている」とか、「人に対するやさしさが大切だということを伝えたい」ということを、（私の目から見ると）「絶対化」している先生が多く見受けられます。そしてそういう台詞を前にしては、「そんなことはないでしょう」「それは子どもに対して過度の理想化をしていませんか」とはなかなか言いにくいのが、正直なところです。

でも、冷静に見ていれば、子どもというものはずいぶん早い時期からいろんな顔を使い分けているものです。もちろんすごく純真で素朴な部分もあるけれども、同時にすごく残酷だったり、「ねたみ」や「そねみ」の心、自己中心性、自分が評価されたい、他人よりよく思われたいという自己愛性、さまざまな性格をあわせ持っていることがわかります。

そんなことも考えると、「心」だけ取り出してきて、心だけを準拠点として社会的な活動や学級の活動を統御するということは、かなり難しいと私は思っています。だからこそ「人柄」ではなくて「事柄（現実に起こっているできごと）」をどういうふうにコントロールするかを、考えてほしいのです。そういう視点を、もう少し学校の先生には持ってもらいたいなと常日頃《つねひごろ》から思うのです。

いじめや何かしらの問題が起こったときに、「この子は心から反省しています。子どもに書かせた作文を見ればわかります」「子どもに事情を聞いたときに、まっすぐに私の目を見つめて誠実に答えてくれました。だから、この子はもう大丈夫です」――そんなロマン主義的な感覚だけでは、多くの場合、あまりきちんとした問題解決にはならないと思います。人間は、たとえ大人でも子どもでも、その時その時の状況に合わせた心境に簡単に共鳴するものです。その瞬間は、「心から反省したつもり」になっていても、違った状況になればペロっと舌を出しているかもしれません。何も特別に小ずるい子どもだけがそういう振舞いをするわけではないと思っていた方が良いのです。

クールティーチャーのすすめ

この章のしめくくりとして、こうしたしたたかな子どもたちとの関係をきちんと構築していくために私が提案したいのが、「クールティーチャーのすすめ」です。

では、クールティーチャーとは、どんな先生でしょうか。

(1) 教育に対する情熱は人一倍持ちながら、しかし冷静に生徒や児童を見ていて、どんな子どもに対してでも、最低限基本のサービスをきちんと提供できる先生。

(2) しかもさらに伸びそうな子どもには、個性を尊重しながらアドバイスができる先生。

(3) クラスを家族のようには考えないい——つまりあまりにも共同体的志向を強くしすぎずに、子どもたちの学力や状況について、客観的情報やデータに基づいた分析もきちんとできる先生。

こんな教師像が、これからはますます必要になってくると思います。

クールティーチャーといっても、「非人間的で冷たい先生」という意味ではもちろんありません。情熱はあるのです。ただ、何かを表現するときに、自分の感情が昂《たかぶ》って熱くなりすぎない先生です。長々とお説教をたれたり、人生訓を述べたりしすぎないタイプの先生です。お説教や人生訓は、ややもすると、過度に情緒的で理想主義的なものに陥りがちですから。

つまり、「事柄志向」に基づいて指導できるのが「クールティーチャー」で、どうしても熱くなって人生訓をつい語ってしまうことを好むような先生は、「人柄志向」の先生ということになります。

人柄志向も時と場合によっては確かに必要です。私が言いたいのは、人柄主義を排除せよということではなくて、これまで教育の現場では、あまりにも人柄志向的な傾向が強すぎたということです。

曇りのない眼《め》で事柄的事実を見て、分析し、そういうものに基づいた指導ができる。だがハートには、潜在的にはすごく熱いものを持っている。しかし自分の情熱に浮かされることなく、冷静に事実に基づいた判断を心がける先生。そんな先生をまさに「クールティーチャー」と呼びたいと思います。いま一番必要なのは、こういう先生だと思います。

リアルでクールで、でもハートは熱い

ハートの熱さをそのまま表出してしまうと、自分のハートの熱さに感度良く反応してくれる子どもにはどうしても極端にフレンドリーになってしまうし、逆に感度の悪い子には「どうして俺《おれ》の気持ちがわからないんだ」となって、関係が悪くなるという悪循環になってしまうことがあります。結果、一生懸命やっているつもりなのに、「あの先生は不公平だ」といわれることになるのです。

もう一度まとめておきます。クールティーチャーというのは、ハートは熱い、けれど熱いハートを持ちながらもあくまで「事柄志向」で子どもとコミュニケーションをとる。「事柄志向」と「人柄志向」の区別立てをベースとして、先生である以上は「欲望を制御する作法の身体化」を子どもたちに伝授することを第一の基本として、最低限きちんとした学校の共通基盤となるようなカリキュラムや知識の伝授やマナーやルールの感覚を伝えながら、さらに自分のプロデュース領域もそれなりに保つ――そんな先生です。

そしてクラスというものをあまり共同体のような統一的実体と見ないで、事柄志向に基づいて情報やデータもそれなりにきちんと分析できる、というようなことを目指す先生です。

　こうした教師像をなぜ私が提示するかというと、上下関係という非対称的な関係そのものをなくすのではなくて、非対称的な関係の現代社会における最小の公準、多くの大人と子どもが共通了解できるような、見取り図を描きたいからです。

　上下関係には、必ず〈力〉（もっと露骨にいえば「権力」）が発生します。その〈力〉そのものを「悪」と見立ててしまうと、先生－生徒関係、あるいは親－子関係そのものが成立しなくなると私は考えています。だから〈力〉そのものをゼロにするのではなく、〈力〉をなるべくニュートラルでコントロール可能なものにしていくにはどうしたら良いかと考える（二六頁の図をもう一度確認下さい）。

　その答えの形が「クールティーチャー」なのです。

　教師だって人間ですから、気に入った子には甘くなったり、ソリが合わない子には厳しくなったりということは、正直言ってあるのです。でも、そうした意識をコントロールするかしないかによって大きな違いが生じます。熱血・人格志向の先生は、子どもたちとの関係の中に、なかば無自覚に、コントロールされていない〈力〉（権力）を発動しがちです。「善意」「愛情」「心配」などなど様々な情緒的な言葉を言い訳にして、そうした権力を発動しがちなのです。

熱い情熱をクールな事実志向の感覚でコントロールし、自分の〈力〉を制御している先生――そうしたタイプの先生がやはり必要な時代になってきているのではないでしょうか。

第四章　「心の教育」よりも、まず「ルール」が必要

「心の教育」ではなく、「行いの教育」を！

数年前から、少年犯罪の報道がされるたびに「心の教育が必要だ」ということが繰り返し言われています。

この「心の教育」という言葉は、確かに美しい響きを持った言葉ですが、抽象的すぎて何が焦点なのかがわかりにくい言葉ですね。一体何を指してどんな教育が「心の教育」として成り立つのかなどを、きちんと再確認することが必要だと、私は強く思います。

私の考えでは、心の教育以上に必要なのは、じつは「行いの教育」のほうだと思うのです。

その人の心（内面、心情）を教育するよりも、その人の「ふるまい方」や「行為」と

いうものを問題とし、制御することのほうがはるかに重要で現実的にも有効なことです。大人の世界でも、「あいつは気に入らない」と胸の内で思うことと、その感情を振る舞いに出して敵意を現実化することは、ぜんぜん違いますよね。人を嫌うことそのものを禁止することは非常に難しいですが、その嫌悪感を実際に振舞いに出して、しかもそれが反社会的な行いであったりすれば、当然その人は非難されるでしょう。

少し考えればわかると思いますが、そもそも人の「心」をコントロールするというのは、下手《へた》をすると非常に危険なことです。そして、このことは近代の「自由」の大事な側面である「内面の自由」を侵害する恐れがあります。近代以降、極端な話、心情では「あいつを殺したい」とかどんなに反社会的なことを思っても、単に「思っている限り」は、つまり「行い」の面でそれを社会的に表現しなければ、許容されるのです。これが内面の自由が保障されていることの一つの形であり、人は他の人の心の持ちようまで干渉することはできないというのが、近代的自由の第一の原則です。

それに、まずなにより「心」と言っても、人によって定義はバラバラですから、「心」は共有するのが非常に難しい概念です。だから「心の教育」といっても、そもそも心の教育とは何か、何をもってそれが達成されたとするのかの判断も難しいと思います。難易度からいっても、「行いの教育」のほうが容易なはずです。

あまり極端な方向に傾くと言葉狩りになってしまい、それはそれで問題ではあるのですが、『友だち幻想』（第八章）で私が示した提案、「コミュニケーション阻害語」をなるべく使わないように子どもたちに指導しようというのは、右のような考えがベースになっているのです。「むかつく」とか「うざい」という言葉は、それを使うことによって、他者に対する内面のマイナスの感情を増大化させる負の力を持っています。他者に対するマイナスの気持ちそのものを持たないようにしようというのではなく、「むかつく」や「うざい」といった言葉を実際に使わないこと（つまり心を入れ変えるのではなく、「行い」を修正すること）によって、内面のマイナスの感情をコントロールしようというのが私の考え方です。

求めるのは徳目ではなく、「ルール感覚」

他者とのつながりがみえにくい今の社会では、他者と共存していく際の人間の意志や意識として、「やさしさ」とか「思いやりの精神」とかいろいろな徳目がますます重視されていますよね。しかし「心の教育」を実際行ったり現実的成果を出すことは非常に難しく、むしろ「行いの教育」のほうが重要であるという私の考え方からすると、何より必要で現実性が高いのは、やさしさや思いやりの精神を無理矢理教え込むことよりも、**「ルール感覚」**を実際上の学校生活、社会生活の中で子どもたちに学び取らせることだと思うのです。

これは個別的徳目や、個別的ルールを教え込むよりも、ルール「感覚」というものを身体化することの方が大切だし現実的だということを意味します。そしてそのことは、まず大人たちが共通に了解しておいたほうがいいことだと思っています。

大事なのは子どもたちに「自分自身の自由の保障として、ルールを共有することは大切」なんだということを理解させることです。ルールを守るということは、「道徳的な価値観の遵守」そのものが目的なのではなく、「自分自身の精神的・身体的自由を保障するための前提である」ということを納得させる空間を、学校に作り上げることが必要です。

別の表現でいえば、「ルール」とは、関係をもつそれぞれの人間が自分の欲望の実現を少し制限することによって（つまりルールを守ることによって）、それぞれの身体的安全性や自分の欲望の実現の確実性とを保障するためのツールなのです。つまりルールは、様々な欲望を抱えた多様な多くの人たちが、相互の「妥協」と「許容」とを核としながら、それぞれの欲望の自由な実現をなるべくお互い最大限に保障し合うための非常に重要なツールだといえるのです。ルールというものが帯びるこの「本質」を、学校という、まさにルールが実際沢山張り巡らされている社会空間の中で、上手《じょうず》に子どもたちに伝えることがとても大切になると思うのです。

ルールは他の人たちのためだけに守るのではなく、まさに自分自身の自由の実現のためにこそ守る必要がある——こうした観点を、もっと重要視した方がよい。とくに学校に問題が起こったときによく思います。

なぜ人を殺してはいけないのか

子どもというのは「過程的存在」であるといえると思います。

過程的存在ということは、まだ社会の正規のメンバーとして認知されてはいないが、社会のメンバーとしての資格を全く持たないというわけではないということです。子どもは、正規のメンバーに許容されている「他人に迷惑をかけなければ何をしても自由」というような現代の自由主義の公準といわれるようなものが、百パーセント保証された存在ではありません。ということは、自由と裏返しの「その行いによって被る結果についてはお前が責任を持つんだよ」という義務を、同時に引き受けきれない存在だということです。しかし自由や人権というものは少しずつ保証されるべき存在でもある。だから少しずつ、自由な社会の正規のメンバーとして位置づけられるように教導することが、教育の大切な役割だと思います。

しかしその教導を行う場合、全面的な形で「秩序」「ルール」が守られているという状態を目指してしまうと、これはかなり厳しい管理教育を敷くしかなくなると思います。これは、家庭での教育でもそうですし、学校でもそうです。

「十全たる秩序」の実現という状態を目標にするのではなくて、むしろ大事なのは、「ルールは君の自由を担保するために存在するのだ」「ルールは自由を保障するためにあて子どもに体感させる技術を、教師が磨くことが大事だと思います。

このことと関連して言えば、たとえば、人間社会の普遍的ルールともいえる「盗まない、殺さない」という社会のルールだって、道徳心や利他的倫理で成り立っているものではありません。自分が他人の所有物を盗んだり、他人の生命を簡単に脅かして殺したりできる社会は、自分が他人からも容易に「盗まれたり、殺されたり」する可能性の高い社会である。これは一人ひとりの生存にとって極めてリスクが高く不安定な社会である。これではそもそも社会自体の存続も難しい。だから、「盗まない、殺さないというルールをみんなで守ることによって、とりあえず自分たちの所有権、生存権を保障しあおう」ということがこのルールの本質にあると考えられます。これが社会学的に理解した「盗まない、殺さない」という基本的ルールの核心です。

しかし、身体的な「ルール感覚」を涵養《かんよう》するのは、学校の力だけではなかなか難しいと思います。やはり親を中心にした家庭のしつけの力や家族以外の大人たちの手助けが、必ず必要になります。

第七章で詳しく述べますが、「美、善、真」（あえてこの順番で並べています。一六五頁からを参照下さい）という感覚の三層構造を大人がしっかり自覚してしつけをしていったときに、「ルール感覚」というものを子どもに身につけさせていける可能性がみえてくるのです。

子どもは、いつの時代でも、ルールを逸脱するワクワク感を求めるものです。そのスリルや快感を求めて、こわごわいろいろなことを試しながら、時には大人のルールを逸脱します。でも、ある一線を越えようとして「これ以上やると自由が制限されるな」と感じたとき、自らルールの必要性を納得します。「道徳的によくないから」と観念的に理解するのではなく、「これ以上やると大人たちから本気で叱《しか》られ、自由が制限され、自分の不利益になる」ということを身体的に理解するのです。そんなふうに子どもたちに、自分たちの体験を通してルールを身につけさせる技術を、親や教師は持たなくてはなりません。道徳的にきれいな言葉で教えても、「社会なんて俺《おれ》には関係ないよ」と子どもが思えば、それで終わりです。「社会のためじゃなくて、君たちの自由ためにルールは大切なんだ」ということを、もっと徹底して教えるべきです。

イジメは「こころの教育＝人柄志向」では解決できない

ではどうやって教育現場でそれを身につけさせるかというと、やはり個々の教師のプロデュース能力にかかっているのだと思います。

たとえばクラスでイジメの問題が発生した場合。

集団で一人の生徒をいじめているというようなことが発覚したときに、よくあるパターンとして、すぐ子どもたちに反省文を書かせるというやり方があります。作文をさせると、「みんな仲良くしなければいけないと思います」とか「イジメはよくないと思います」ということをみんなで書くというものです。それを読んで「この件についてはみんなわかってくれたようだ」というような落とし方をするのが、いわゆる「心の教育」というものなわけですね。

まず、イジメが起こったような状況のなかで作文を書かせるということに、私は非常に懐疑的です。私も物を書く人間なのでよくわかりますが、「書く」ということは、自分の本当の気持ちを「そのまま映しとる」ように書けるわけではありません。文章というものは必ず「組み立て」や「構成」というものが必要であり、その過程の中で、「他者の期待を想定して書く」という要素が、どうしても必要になってきます。みなさんもご自分がモノを書くときのことを思い出してください。全く個人的な日記などではない限り、「相手の期待」を勘案するという要素が必ず入るはずです。

他者の期待を想定して書くという知恵を、子どもによってはかなり早い段階から身につけている子がいます。そうした子がいわゆる「作文の上手な子」です。経済学史家の内田義彦さんは、「みだりに感想文を書くな」と警鐘を鳴らしています（『読書と社会科学』、岩波新書）。「他人に通じやすい「他人向き」の「手ぎわのいい」感想文に向って読むくせがつく」ことの危うさを指摘しています。たしかに読書感想文のコンクールなどで小学校の低学年などで良い賞をとるような子どもの中には、「何を書けば大人たちに喜んでもらえるか」といったことを本能的にわかっている知的発達の早い子が多く見受けられるようです。小中学校くらいまでの読書感想文コンクールにおいては、言ってみれば、「他者の期待にどれぐらい応《こた》えられるか」という能力の高い子が、良い賞を取る可能性が高いのかもしれません。

とはいえ、子どもが書くことが本心からのものではなく、まったくの嘘《うそ》っぱちが書かれているということがいいたいのではありません。クラスで「イジメ」が起きて、そのことについて作文を書きなさいという課題が出された際、子どもたちはまったくの嘘っぱちを書くわけではないけれども、どんなことを書けばある程度の「正解」なのかということを、子どもたちは当然予見して書いているということが言いたいわけです。

ですからそういう作文を読んで、子どもたちは「みんなわかってくれた」とか「本当はみんなやさしいんだ」と安心して問題解決とするというのは、ちょっと違うのでは、と思うのです。

極端な言い方をすれば、「気持ち」はとりあえず置いておいてもいいのです。そんなことより、「どうしたらこれ以上、イジメ的な行為が繰り返されることを防ぐことができるのか」と、「事柄志向」で考えるべきなのです。

火事現場で、まず出火原因の究明をしようとする人はいないわけです。まず火を消して、それから出火原因を調べて、予防策を講じるわけです。こういう「事柄志向」的な振る舞いというのは、ふだん私たちはできているのです。それが、教育に関《かか》わる問題になると、「事柄志向」的発想がなかなかできなくなってしまうから不思議と言えば不思議です。

作文を書かせて「魂の反省に呼びかける」というのは、まさに「人柄志向」的な発想です。ある程度はそういうサジェスチョンを行ってもいいでしょう。でも本当にやらなければならないのは、問題が起こったときに、それが悪循環の形で再生産されないような具体的な手立てを考えることです。それは席替えなのか、グループを変えることなのか、給食のときに先生はどのグループを中心に見るべきなのか。こういった、「事柄」に即したことに集中するほうが大事なんじゃないかということです。

「ルール感覚」と「規範意識」の違い

ここまで説明しても、大人の中にすら「ルール」と聞くと、それだけで条件反射的に抵抗感を持ってしまう人が、けっこういます。ルールには行動や考え方への「束縛、制限」ということがどうしてもつきまとうので、抵抗感を持つ人が多いのです。

「ルール感覚が大事だと思う」というと、「あ、規範意識のことですね」という先生方がけっこう多いのですが、私の言うルール感覚は、規範意識とは少しニュアンスが違います。規範意識というのは、「とても立派な徳目があって、それを守るべきである」という感じがします。

しかし私の考えるルールとは、「最低限これさえ守ればあとは自由」というものなのです。ルールは**ミニマム（最小限）**のほうがいいのです。どうしてもこれだけは守るべきというルールをどこに設定するのかを、みんなで決めて、みんなで守るというのがいいのです。

そのベースには「常識」というものをもう一度確認しながら置いてみようという考えが私にはあります。「常識」という言葉を英語で言うと「コモンセンス」です。直訳すると「共通《コモン》感覚《センス》」です。常識とは、多くの人にとっての「快・不快」の共通感覚のことだといえると思います。これをもう一度みんなで洗い出す作業をする必要があると私は考えています。「そんなの常識だよね」とよくいいますが、その常識が、みんなズレていることが多いわけですから。

ただ「たとえ現代でも常識がまったく共有されていないわけではない」というわれわ

れ大衆への信頼感が私の中にはあります。何が快で何を不快と感じるかについては、確かに個人差というものはあります。しかしたとえば、トイレがきれいであれば、ほとんどの人は心地よく感じるといったように、「快・不快の感覚」というのは、人間として、あるいは日本人として、それなりに共通してあるものです。

共通感覚に安易に乗りかかることは危険な面も確かにあります。マイノリティ(少数者)の立場や感覚を尊重しなければならない場も確かにあるからです。けれども、共通感覚の洗い出しのようなことをやりながら、最低限の価値観みたいなものは共有していける可能性は否定できないし、とても大切なことなのではないかと私は考えています。

たとえば、私は自分の講義では、「やむをえない理由がないかぎり、基本的に二十分以上の遅刻は認めない」というルールを設定し最初の授業で学生に伝えているのですが、学生のほうも「まあ、それはそうだよな」という顔をして納得しています。これが「一分でも遅刻したら欠席扱いにする」なんて言えば、たぶんかなり反発心を持つと思います。要は、その辺のバランス感覚が重要なのではないでしょうか。

もちろん、すべてにわたってルールを明文化することは不可能で、たえず「暗黙のルール」といわれるような、あえて言わなくても共有している共通感覚というものがあります。たとえばドッジボールで、学年混合でゲームをしているとき。体の大きな六年生の子が、体が小さく力の弱い二、三年生の子を集中的に攻撃するなんていうことは、「卑怯《ひきょう》だ」という共通感覚がありますよね。でもそういうことは実際起こるわけですが、そんなときは「お前、それはおかしいよ」という非難の声が必ずあがるわけです。「ドッジボールの公式のルールとして禁止されてないじゃないか」と言っても、「禁止されてないけど、人としての常識があるだろう」と言える共通感覚は、子どもでも持っています。逆に言えば、そういう常識が形成されていなければ、ドッジボールはとても危険なゲームになってしまいます。

明示的なルールはもちろんのこと、いわゆる「暗黙のルール」を子どもたちに身につけさせることは、大人たちの重要な仕事です。子どもたちの「ルール感覚」を養うのは、大人たちの義務であるともいえます。しっかりと時間をかけて、子どもたちの内に、ルール感覚が育っていくように導いてやる必要があるでしょう。

たとえば空手のような武道の道場だったら、入門したての初心者には、師範や指導員から基本動作から礼儀から、すべて教えられます。入門者はそれを真似《まね》して覚えます。そうでなければ我流になって、結局うまくなりません。自分なりのプランで稽古《けいこ》できるようになるのは、ある程度修行して、師範からも認められるようになってからです。

「○○ちゃんの家では、ゲームはこれだけやってるよ」と子どもが言ってきても、「うちは、うちだから」と言えるかどうかです。私の家でも、子どもが幼稚園や小学校低学年ぐらいのときには「うちの価値観はこうだから」と、かなりはっきりと言っていました。そういう言い方には年齢的に限界がきますし、いつまでもそういう言い方をするつもりはなく、子どもの精神的発達をみながら、徐々に子どもの言い分にも耳を傾けるつもりでしたが、「この時期はこういう言い方でいいんじゃないか」といった判断を、夫婦でしていました。

自分はいま「事柄志向」か「人柄志向」か、絶えざる自己点検を

「欲望の制御の作法を身体化する」ということを中心にして、教育についてみてきました。この章を終えるにあたっていえることは、学校も家庭も基本的には同じ方向性を志

向していないとなかなかうまくいかないだろう、学校だけでは大変だろうなということです。

「欲望の制御の作法」というものには、どうしても強制力を伴うので、〈力〉というものを行使せざるをえません。これは先生であろうが親であろうが、好むと好まざるとにかかわらず、そういう〈力〉を発揮しなければいけないのだから、そこには覚悟と責任が必要です。もちろん〈力〉は濫用すべきではないし、コントロールが必要です（この〈力〉については、次の章でくわしく述べます）。

そのときに振り返るべきキーワードとして、「事柄志向」と「人柄志向」というものがあります。じぶんが力を発動しようとしている根拠は、どちらにあるのか。〈いま・ここ〉で自分が子どもや生徒と向き合っている際のこの態度は、「事柄志向」が中心なのか「人柄志向」が中心なのか、たえずリフレクション（熟考）しながら、自分と相手をコントロールすべきだと私は思っています。

そうしたことに自覚がないまま力を行使しようとすると、思わぬ結果を招くことがよくあります。とくに、「人柄志向」に偏りがちな先生は要注意です。だってどんなに頑張っている子でも、成績が悪いのならそこは評価を落とさざるをえないだろうし、あんまり人柄志向だけでやっていると、結局のところ、えこひいきに陥る危険があるわけですから。

第五章　「規律か自由か」の二者択一ではなく、「間《あいだ》をとる」努力を！

「主体性の尊重」と「規制や制限」とのバランスの難しさ

現代の子育てと学校教育の現場には、共通する難しさがあります。

まずその一つが、子どもの「主体性を尊重するということ」と、「それを規制したり制限したりすること」とのあいだのバランスの難しさです。

「平等を絶対化する」「先生と生徒が平等である関係を作る」「先生と生徒あるいは生徒どうしの差異を認めない」「強制力を伴う〈力〉（つまり権力ですね）を行使することをまったく認めない」という姿勢を貫き、対話の力だけで、生徒を納得させることは現実的には不可能です。

それは、親子の関係においてもそうです。たとえば三歳や四歳の子どもを前にして、対等な立場からの対話によって、納得させるだけでしつけができるなんてことは、あり得ないでしょう（段階的には少しずつ可能になっていくにしても、です）。
「平等の絶対化」という発想では、「大人が子どもを育てる」という図式は、基本的に成り立ちません。

観念的な空疎な言葉は、子どもには説得力がない

もう一つ難しいのは、「子どもの自主性を尊重する」「人格を認める」と大人が言うときに、それがとても観念的な、もっというと単なるきれいごとになってしまっている場合が多いということです。

子どもはそういう大人の空疎な言葉を、敏感にかぎ分けます。その結果、子どもが変な形でリアリズムに目覚めてしまい、「大人の言うことなんかしょせん信じられないことばかりだ」というように反動形成されてしまうことがあります。

やはり、大人が子どもに何かをさせるというときには、ときには「こうしなさい」と命令的であったり、「それはいけません」と禁じるなど、ある種の強制力を働かさなければ不可能だということを大人がきちんと自覚することが大切だと私は考えます。そう

でなければ、教育は成立しません。教育とはやはりどこかで子どもに対してある種の「押し付け」をせざるを得ないものなのです。その辺を自覚化しないで平等主義、自由主義の理念だけで押し通そうとすると、理念と現実の振舞いとの間に乖離《かいり》が生まれます。その結果敏感な子どもたちは、それを「大人の欺瞞《ぎまん》」として不信感を抱くようになります。

「子どもの主体性を尊重しなければならない」というリベラリズム。これはこれで確かに大事な考えです。大人の好き勝手に子どもをいじっていいわけではありません。しかし考えるべきなのは、リベラリズムと現実の折り合いをどうつけるかという問題なのです。

　こうした点について、私が考えることはこうです。子どもの主体性を尊重するからこそ、もう少し言えば、子どもが自分で判断して、自分の欲望を統御しながら主体性を実現できるような大人になっていくことを大事に考えるからこそ、大人（親や先生）は、子どもたちの振舞いを制御したり制限を加えていったりして教育しなければならない。しかもそれは、一般的な年齢や性別（女の子の方が男の子より発達が早い）による発達段階と、一人ひとりの子どもの個性に即した発達段階を見極めながら、少しずつバランスを変えていかなければならない。そう思うのです。

規律と自由の「間《あいだ》をとる」

私は、「規律性」と「自由」ということに関して、どちらかを選ぶ二者択一ではなくて、その間をとっていかなくてはならない、と強く思っています。

というのも、一般に「教育論」というものが、いつも極端な方向へ流れていって、結局不毛な議論に終わってしまうことが多いからです。

「のびのびさせる＝自由」「きびしくする＝秩序性」という二項があった場合に、「どちらを取るか」ではなくて、「どう折り合いをつけるか」と考えるべきだということです。

自立性と規範遵守性。「自分の判断で自由にふるまいなさい」という指導と、「定められた規則を守りなさい」という指導。時と場合に応じて、この二つを両方指導していかなくてはなりません。

つまり、「規範主義か、自由主義かという二項対立は不毛だから、もうやめましょうよ」、ということです。

かつて『スポック博士の育児書』（一九四六年原著刊行。一九六六年には邦訳が出た）という本が一躍流行になったときには、母親はとにかくやさしく、子どもの言うことを何でも聞くというような、「受容性」を高めることがすごく奨励されたことがありました。それから、一九八九年の幼稚園教育要領の改訂に伴って「自由保育」が非常に盛んだった時期があります。「幼稚園で時間割を作らない、園児の自由にしたいようにさせておく」というものです。

その結果、「小一問題」といわれる現象が起こりました。時間ごとにカリキュラムが決められて活動が制限されている小学校の生活に入ったときに、適応できない子どもたちが非常に増えたわけです。

教育と力の行使

子どもを育てる、あるいは教育するときに、よく「理解させましょう」「納得させましょう」と言われます。もちろんお互いが了解して、納得しあうというのは大切なのですが、しかし、「そこで〈力〉を行使しなければ教育はできない」という一点を忘れてはならないということを私は言いたいのです。

親や教師は、どんなに自分が非権威主義的で物わかりがよくて、子どもの人権や主体性を尊重するリベラルな意識をもった人間だと思っていても、親や教師である限りは〈力〉を持っていて、その力を行使しているものです。そのことをやはりきちんと自覚しなければいけないと思います。

〈力〉の定義は何かというと、社会的地位における上位者が、下位者との間の時間と空間を、自分（上位者）が「良し」と考える配分の仕方で統御できるということ。たとえば「この時間は、ここにいなさい。これをしなさい」ということを下位の者に指示する場合、そこには社会的上位者と下位者の間に〈力〉が行使されたことになります。逆にいうと、ある一方の人間が、そのような指示を出して他方の人間がその指示を「妥当である」（それに従っても良い）という了解が生じた時に、そこに上位者と下位者という関係が成立したともいえます。〈力〉を行使することによって、上位者は下位にある者の行為の自由を規制し、制限するのです。教育やしつけと言われる現場では、かならずこうしたことをやっていないはずがないし、それをやらなければ教育もしつけもできません。

当たり前のことなのですが、「私はそんな権力は行使しないし、したくもない」というように、この現実ときちんと向き合いたくない先生や親というのが案外多いような気がします。

「権力」といってしまうと、おどろおどろしい印象がありますし、たちどころに否定したくなるようなマイナスのイメージが浮かんできます。ですから私は〈力〉という言葉を使っているのですが、内実はじつは同じことです。

親や先生が、上からものを言う立場そのものを放棄してしまったら、子育てや教育は不可能になるだろう思っています。第一章で指摘だけしておきましたが、私が象徴的だと思うのが、教室から教壇をなくすという運動です。上下の権力関係の象徴としての教壇をなくすという意味なのでしょうが、これはまさに学校における〈力〉の行使という不可避の事態を、象徴としての教壇を取り去ることで隠蔽（いんぺい）しようとした姑《こ》息《そく》な対応だと思っています。

もちろん、上からのものの言い方にもよりますし、しかるべき発達段階や子どもたちの個性に応じた納得のさせ方というのは必要だと思います。

とりわけ「発達段階に応じて」という観点は非常に大事だと思います。筋を通して話せばわかる年頃《としごろ》になれば、それは筋を通して話すべきでしょう。でも、二歳や三歳、あるいは五歳ぐらいまでの子どもに対して、納得させて何かをさせるなどということは、あまり現実的な考えではありません。

ポイントはこうです。力の行使の濫用はダメだという意識はもちろん非常に大事で、ときどき起こる行き過ぎた体罰や教師による暴力の問題は許されないことではあるけれども、一方で、適切に力を行使しなければ教育はできないというある種の踏ん切り、開き直りといったものが、先生や親には絶対に必要だということです。

それは**〈力〉を引き受ける**ということであり、このことは確かに重荷ではありますが、教師や親といった大人は、こうした重荷を引き受ける覚悟はきちんと持たなければならないと思うのです。いわば力の「自覚化」ですね。「私には力はありません」とか「力なんて持ちません」というのは、一見ものわかりよく聞こえますが、じつは無責任なのです。もちろん、「俺《おれ》は先生なんだから、何でも出来る」というように、力を絶対化するのがダメなことは言うまでもありません。

大事なのは「モデルの提示」

繰り返しますが、力を行使すると言っても、あまりにもひどく強制的であったり、暴力的な形で子どもたちの振舞いを制限したりするのでは教育になりません。必要なのは「モデルの提示」といった発想です。「こういう良い雛形《ひながた》があるよ」というようなモデルを提示してやったり、「その気にさせる仕掛け」を作ってやるということです。

こう言うと策略的な感じがしますが、「相手に自分が選んだと思わせるような」仕掛けをするのです。いわば黒子になって教導するような誘いをかけるわけです。

人間は、いくら自己の意志に基づいて行為する「主体」だといっても、その人は何にも影響されずに、何でも自分で選択し自己決定するなどということはまずあり得ないわけです。どんな主体的行為にも、何らかの誘引を受けたきっかけが必ずあるのです。以前現代思想の世界で、「誘惑論」というものが注目されたことがあるのですが、確かにとても大切になると思います。子どもたちが自分で選択したかのように「誘《いざな》う」。「誘惑」、（ちょっと語感がきわどい感じがするなら）「誘《いざな》い」というものが教育においては

あまり強引に引っ張りすぎると「自分は大人にあれをさせられたんだ」という意識が強くなってしまいますので、「こっちのほうがいいよ」ということを、そう直接的には言わずに、自然に誘導するのです。ずるいといえばずるいのかもしれませんが、私は必要な大人の知恵だと思っています。子どもをさりげなく良い方向へと誘い導く〈力〉のようなものが、親や先生にはやはり必要なのだろうなと思っています。

自由だけが常態化するとモラルは下がる

人間の自主性、自由な活動の尊重ということでいえば、次のような問題もここで指摘しておきたいと思います。

とある超難関といわれる有名女子高には、教壇もなく、授業の妨げになるようなことさえしなければ、授業中に退席してもいいし、購買部で買ってきたファッション雑誌を読んでいてもいい、定期試験中は監督の先生もいない、という学校があるようです。

それでもこの学校では授業や学級活動が成立しているということですが、だからといって、これは学校・学級一般のモデルには到底ならない、特殊なケースだと私は考えます。

このような生徒の完全な自主性・自由にまかせられるというのは、生徒の基本的な学習能力とか、家庭教育で作られているモラリティみたいなものに大いに依存しているわけで、こうしたことが可能なのは、ごくごく一部の、いわゆるハイレベルな学校だけだと思います。

このようないわゆる「自由主義教育」を志向した場合は、次に述べるような例のほうが殆《ほとん》どなのではないでしょうか。

たとえば私の知っている学校では、かつて先生と生徒の関係も対等で、校則もなく自由でした。生徒が喫煙した場合でも、先生が頭ごなしに喫煙を否定するのではなく、「なぜタバコなんか吸うのか?」ということを話し合わせて、あくまでも生徒が自主的にタバコをやめるまで待つ、というような学校でした。その学校も、初期の段階はよかったのです。その学校の自由な気風に憧《あこが》れて、比較的教育力の高い家庭の子女が志望してきたからです。しかし時間が経《た》って、やはりだんだん入ってくる生徒の質が変わってくることによって、生徒たちを統御できなくなっていき、いわゆる「荒れた学校」になっていったようです。

こういう例はほかにもよく聞きます。開学当初、校則を作らず生徒の自主性と自己統御に期待した高校で、開学から時間が経過するにつれて、自由が放縦に変わってしまった高校もあります。つまり、集団というのは一般的に、生成段階の沸騰期にあるときは、成員のモラルも高く、集団に対する帰属意識も高くなります。しかしいったん集団の形が形成され安定期に入り、それが日常化したときには、集団に対する帰属意識や、集団を高めていこうという形成意欲みたいなものは低下します。そうすると個人のエゴというものがどうしても全面に出てしまうのです。集団の一般的特質を無視して、集団形成期の沸騰状態をモデルに集団の一般的な形を作ってしまうのは、実は非常に危険なことなのです。

子どもの時期の延長と早熟化傾向

さらに子どもの自主性と自由の尊重という点に関して言えば、昔と比べて現代の子どもたちの資質の変化ということも考慮に入れておかなければならないと考えています。

現代の子どもは、大人になるまでの時間（とりわけ経済的自立）が非常にかかっているにもかかわらず、一方でとても早熟になっています。それは身体的、そして精神的な面の双方でです。例《たと》えば身体的な面でいうと、女の子が初潮を迎える年齢は今では小学生が普通です。早い子では小学校二年生や三年生で迎える子どももいるようです。一方で精神的な面でいえば、コミュニケーションにおける自己主張、自己弁護能力は昔よりずっと巧みになっています。大人（先生や親）の権威が低下しているし、情報社会化が進んでいますから、場合によっては大人以上にモノを知っていることもある。だから大人が上から子どもたちをコントロールしようとしても、なかなか素直に言うことを聞かないという状況も生まれるのです。たとえば、パソコンや携帯といった情報端末の使い方を親がコントロールしようとしても、子どもの方がそうした機器に関する知識が豊かな場合は、どうしても親が強い態度でコントロールすることができないといった事態も生じるわけです。

みんな百点?!

このような状況で、「子どもたちの自主性や自由な権利を尊重する」という理想論だけを語っていたらどのようなことが生じるでしょうか。

自主性や自由が、自己中心的活動や放縦・放埒《ほうらつ》に転化してしまうのは、いわば必然です。

さらにこうした現代的傾向に追い討ちをかけるように、「ゆとり教育」のカリキュラムとその思想のおかげで、とりわけ公立の小学校では、限りなく「緩い日常」が子どもたちを囲んでいます。

初等教育で教える教科の内容がものすごく簡単になっているのです。東京のお受験校などの実情は全く違うでしょうけれど、地方の公教育の現場では「考える授業」と称して、お年寄りの健康体操の太極拳《たいきょくけん》の動きさながらの、ものすごくスローテンポの授業をやっている。

私の住んでいる地域でいえば、小学校ではテストはみんな百点を取ってしまうクラスがあります。もちろん最初から全員が出来ているわけではありません。間違った箇所に先生が×をつけないのです。間違ったところは消しゴムで消して正解を書かせて、百点にしてしまうのです。「受験戦争」「つめこみ教育」といった問題点を改善しようとした結果、フェアな競争に耐える力や自分の現在の能力の結果を冷静に受け入れるといった大切なメンタリティを育てる土壌が失われてしまっているのです。

小学校ではこうやって自分が出来ないと思わせないように、自信を失わせないように、「傷つかないように」みんな平等なんだという意識を一生懸命注入しようとしているようにみえます。

でもこれは完全に間違った戦略だと私は思います。

こういうかなり人為的な平等教育をやっていても、子どもたちはそんなに馬鹿《ばか》じゃない。同じ百点でも、「(自分とは違って)こいつは本当にできる奴《やつ》だ」といったことは直感的にわかります。でも、そうした自分より優れたクラスメイトを前にした時に、その事実を受け入れられなくなってしまっているのです。「よーし、あいつのように一回目から本当の百点を取ってやる」と自分の能力を磨こうとするのではなく、「最初から百点を取れるあいつが変だ。キモイ」といった形で相手を引きずり降ろそうという意識が働きます。早熟でコミュニケーション能力の高い子ほど、そうした雰囲気をクラスのなかに作り出すのが上手です。その結果、まじめで勉強ができる子や、何か一芸に秀でた子がイジメのターゲットにされてしまうような状況が起こってしまうのです。

他の子どもたちもそうした状況を見た時に「目立たないように、他の同級生からにらまれないように」ととても神経を使っているのです。見えない「同調圧力の網の目」でお互いをがんじがらめにしている感じです。

中一ギャップ

一方、中学校に入るとどうか。この章で「小一問題」について触れましたが、「中一ギャップ」という問題も現在指摘されています。いま、小学校を卒業して、中一になってすぐの生徒が不登校になる例が増えています。これは「中一ギャップ」という言葉で呼ばれています。

クラス担任制から教科担任制に変わるとか、別の小学校から来た級友たちとの人間関係とか、小さな原因はいろいろ考えられます。

しかし、一番大きな原因と考えられているのは「小学校の生活のユルサに比べて、中学校の生活がキツイ」ということです。勉強の側面では（中学校によっては出さない所もあるようですが）、成績の順番が出されたりします。小学校までは普通にとれていた百点も取れなくなります。部活動では、先輩―後輩の厳しい関係が待っていたりします。

学業の点でいうと、幼稚園や小学校からお受験を経験する子どもの多い都会よりも、地方の場合とくに顕著なのですが、メインは、高校受験ということになります。「十五の春を泣かすな」という言葉がありますが、地方の子どもたちにとって、人生の最初の試練が高校入試ということになります。

中学校に入学すると、とたんに、公表はされないまでも、成績の評価や順位を、生まれて初めて突きつけられます。小学校まで「自分はそこそこ勉強ができる」と思っていたのが、じつはそうでもなかったことに初めて気づくわけです。免疫のないぶん、この挫折感《ざせつかん》は意外に大きいのではないでしょうか。

リーダーを育てない小学校

「中一ギャップ」に関連していえば、もう一つの問題があります。中学校の先生から、「小学校ではリーダーを育てていない」ということを直接聞いたことがあります。私が知っている限りでの今の小学校でも、何でもみんなに平等にやらせようとしますから、「リーダー」となるような生徒を作ろうとしない場合が多いようです。たとえば鳥取県の小学校の例では、この二十年間学級委員長を置いていなかったということです。「リーダーを選ぶのではなく平等を重視すべきだ」という考えが先生方の間で支配的だったからのようです。二〇〇九年の春に、ようやく鳥取市の一校で学級委員長が生まれることになるということで新聞で話題になりました（朝日新聞二〇〇九年二月八日）。「学級委員長を置かない学校は全国的にも少なくない」ということです。「やれやれ」というほかはない、という感じですが、このような「平等絶対主義」のメンタリティは、世間で思う以上に小学校の先生方の価値観としては浸透しているんだなというのが、仕事を通して、そして一保護者として小学校と関《かか》わった時に私が感じている実感です。

100
社会
理科 100
算数 100
英語 20

そして、そのツケを回される格好で、中学校ではリーダーの育成にとても苦労しているようです。

ここでも人柄志向だけで、生徒の人間関係をとらえようとする問題点があると思います。学級委員長を選ぶということは、何も「クラスの王様」を選ぶということではないのです。リーダーの資質というものを「事柄志向」で見れば、「指導力とまとめる力に優れている」というだけのものであって、何も恐れたり、警戒したりするような必要はないはずのことなのです。「小学校の先生は、リーダーを育てるというと、まるで王様か特権階級でも作るようなつもりで、脅《おび》えてるんですかね」と、その中学校の先生は笑っていましたが、まんざらそんな雰囲気がなくもないのかもしれません。

社会の変化によって子どものあり方も変容する

「子どもにはなるべく規制を与えないで、自由にさせてやりたい」という思いは、よくわかります。しかし子どもがやがて大人になって自分の行動に自分で責任をとらなければならなくなるということを考えたときに、自分の能力の限界などに対する対処の仕方の学習能力を奪うような形で自由を与えることが、本当に子どもたちにとってよいのかどうかということを私たち大人はやはり考えなければならないと思うのです。子どもにとって自由とはどのようなものか、といったことについての「とらえなおし」が必要な時代になっている気がします。

現在の「子ども観」には次の二つの見方が並存しているようですね。

一つには「社会の変化によって子どもというものは変化してきている。そして昔に比べて素朴さを失って、良く言えば賢くなっている、悪くいえばスレている」という見方。もう一つは、「子どもというのはいつの時代もイノセント（純粋）な存在であるはずで、変わっているのは子どもを見る大人のまなざしのほうだ」というものです。

この問題をどうとらえればよいのかの判断は非常に難しいと思います。私の考えでは、やはり、双方のどちらかだけの見方に偏るのではなく、「間《あいだ》」をとるという形になります。

たしかに社会的条件によって子どものあり方が変容している要素も非常に強いと思います。具体的に言えば、たとえば「外で遊ばなくなって、家でパソコンやゲームで遊ぶことが多くなったときの子育てをどう考えたらいいのか」というように、その時代の状況に依存した見方が必要になる場合があります。でも一方で、「やはり子どもはあくまでも子どもであって、普遍的な子どもの性質をどうとらえるか」というまなざしも、同時に必要だろうと思います。

結局基本的には、「欲望の統御の作法を身体化する」ということを頭に入れて、大人が子どもを見ていくということが肝要なのだと考えています。

たとえば「テレビゲームをやらせたほうがいいですか、やらせないほうがいいですか」という問いは、普遍性を高めすぎると「やらせるか、やらせないか」の二者択一になります。

しかし、「この子はどこまで欲望を統御する作法を身体化できるか」という観点で親が見れば、その子の生まれもった性格や、環境、発達段階の見極めなど、いろいろな判断が無数にあります。「この子だったら時間を制限してやらせれば、しっかり約束を守る子だ」とか、「この子だったら親がゲームを管理して、いつやるかということは親がコントロールしたほうがいいな」とか、「この子だったら、勉強が終わったらやっていいよ、というぐらいの自由度にしておく」とか。あるいは、ある段階になればもう自分の部屋に持ち込ませて、「いつやるかはお前の判断に任せるからね」というふうにするかなど考えられます。

結局、方程式のように誰《だれ》にでも適用できる一般的な「解」は、教育には当然ありません。欲望の統御の作法を、どの程度子どもが身につけているか。あるいは親も含めてその家庭が、その作法をどれぐらいの大事さとして考えているかにもよるのです。

「型」を伝えることの大切さ

行きすぎたリベラリズム教育の結果、忘れられているものに「〝型〟を伝える」ということがあると思います。

私自身、日本舞踊や空手などを学ぶことを通じて、「型」を伝えることの大切さを身にしてみて実感しています。そのことを広く教育・学校の現場で何とか再発見してほしいという思いがあるのです。学校の現場での基本的な型ということになると、たとえば挨拶《あいさつ》をきちんとする、掃除をちゃんとやる、整理整頓《せいとん》するなどということですよね。

もちろん今だってこうしたことはきちんと指導している先生方は多いと思います。しかし中にはそうでもない先生がいる。生徒には挨拶を要求するのに自分はろくに挨拶を返さない先生が実際いたりするのです。たとえば、小・中と附属学校があるところで同じ敷地内にある中学校の生徒が挨拶をしても、附属小学校あがりではない新しく外部から入ってきた中学の生徒には、挨拶を返さない小学校の先生がいたりする。

荒れている学校を渡り歩いた生徒指導で有名な先生の話を聞くと、荒れている学校でまず何をしたかというと、率先して掃除をすることだそうです。荒れている学校というのは例外なく汚れていて、掃除をしてもすぐ汚れる。子どもたちが荒れていると有名な地域の開校直前の学校に赴任したときに、入学式の前にまずガラスが割られ、すでに落書きがあったのだそうです。その落書きをまず消して、上履きで歩くべき渡り廊下も生徒たちはお構いなしに土足で歩きますから、それもきれいにする。そうしたらまず最初に声をかけてきたのが、まだ若い同僚の先生だったということです。

彼はなんと声をかけてきたか。その同僚の先生は、「余計なことをしないでほしい。ただでさえ生徒指導等々で忙しいのに、率先して朝早くそんな掃除をされたのでは、われわれもやらなくてはいけなくなるじゃないですか」と言ったというのです。

二十年ぐらい前の話ですが、当時は先生方の間にも悪い意味での平等主義があって、誰か一人が突出して何かをやることに大きな壁があったといいます。これに対してその先生は、「私は好きでやってるんです。別に一緒にやってくれとかやるべきだと思っているわけではなくて、一人でやってるんだから放《ほう》っておいてくれ」と言って、毎日続けたそうです。そうすると、次に声をかけてきたのは生徒だったということです。「先生、おれ手伝うから」と。そこから少しずつ学校が変わっていったのだそうです。

私が「型」といっているのは、基本的な振舞い方のエッセンスのようなものです。頭や心の中のレベルではなく、振舞いの形に具象化されている基本の所作。そういうある種の形を伝えていくことから入るということの大事さのことです。心を動かすために「心の教育」とか何か言うのではなくて、「行い」から入るということをあえてやってみるということが、子育てなんかの場合も大事だと思います。

たとえば、子どもにとっては親が食事を作ってくれることは当たり前のことかもしれません。小さいころからきちんと感謝の気持ちを持っている子どもなんてほとんどいないはずです。でも、食事の度ごとに「いただきます」「ごちそうさまでした」をきちんと言う習慣をつけさせる。最初は形式的な振舞いであったものが、何年も続けているうちに本当の感謝の気持ちに変わることがありうると思っています。でも食事の挨拶をろくにしつけない家庭では、親が作ってくれていることにどこかで感謝するようになる子どもは絶対に育たないと思います。

「親に感謝しなさい」と子どもに直接言っても、なかなか親の真意は伝わりませんが、ご飯を作ってくれたことに対して、きちんと手を合わせて「いただきます」と言うことを繰り返すことで、「感謝」という心情が、もしかしたら子どもの心に芽生えるかもしれません。

加えていいますと、きちんとした型を身につけている人はとても「美しく」見えます。

学生たちと泊まりがけでフィールドワークに出かけた時のことです。調査を終えて旅館に着いて、さあみんなで夕ご飯という時間になりました。おいしそうな山菜料理が並ぶ御膳《おぜん》を前にして、一人の女子学生が、背筋をすっと伸ばして両手を胸の前に合わせてお箸《はし》を親指と人差し指の間に挟んでもちながら「いただきます」と小さく言いながら軽く会釈をしました。私はその瞬間の所作の美しさは今でも忘れられません。いつもそんなに目立つわけではないごくおとなしい学生だったのですが、その時は本当に輝いて見えたのです。「所作の美しさ」というものに、私たちはもっと敏感になった方が良いのかもしれません。

「個性」より「ルール」を

学級・学校経営においては、ルール感覚の共有を最優先すべきであり、そのことが、結果として子どもの個性や自由性を保障することにつながるはずだと私は考えています。そのことを、先生方にもぜひ意識に置いておいて欲しいと思っています。これまで私が強調した「人柄志向と事柄志向の区別」、「子どもが過渡的存在であるから、その身体性をある程度統御しなければならない」、「教師は好むと好まざるとにかかわらず〈力〉をもっているわけであり、その力の行使に責任と権限の両方を持っている」ということなどが子どもを育てる大人たちに自覚化されていないと、困ったことが次々と生じます。このような点について、次にいくつかの事例をあげて考えてみたいと思います。

女子生徒の最低限の安全すら保障できなかった学校の例

もし学校が、自分がルールを守っているにもかかわらず、自分の精神的・身体的自由を守ってくれない空間だったら、もはや学校という公共的意味は失われています。

その端的な例を紹介します。

【わいせつ被害の中3女子、別室授業3カ月　調布市立中（東京）】

調布市の市立中学校で同級の男子生徒らから強制わいせつの被害を受けた3年生の女子生徒が3か月間、教室とは別の部屋で1人学習を余儀なくされ、通知表で一部の教科が最低の1に落ちていたことがわかった。男子生徒らは家裁送致されるまで、普通に授業を受けていた。女子生徒の父親は「志望校を変えることになった。被害者の不利益が大きすぎる」と訴えている。学校側の対応には、「無責任だ」「やむを得ない」と識者の意見も分かれ、教育現場に困難な課題を突きつけている。（略）

学校側は父親から相談を受けた際、「まず警察で調べるので、学校としては男子生徒を処分できない」として、女子生徒に別室に移って勉強するよう勧めた。その後、男子生徒が家裁送致されるまで、女子生徒が普通の授業を受けられない状態が続いていた。

女子生徒はクラス全体で活動する音楽などには出席できず、音楽の成績は1まで下がった。父親は「内申点が悪くなり、都立高の受験をあきらめて私立に進むことになった。被害者側が、なぜここまでつらい思いをしなければならないのか」と訴えている。

男子生徒らは保護処分の措置を受けるなどした後、学校に戻り、卒業したという。

こうした学校の対応について、同市教委は「別室には必ず教員を配置した。女子生徒を1人にしたことはなく、十分だったと考える」としているが、父親は「誰《だれ》もいない部屋でのプリント学習も多かった」と話し、主張は食い違っている。

学校教育法によると、生徒の出席停止措置は、教室で騒ぐなど多数の生徒が正常に学習できない状態にとられる。市教委は「1人が迷惑を受けている状態では、なかなか男子生徒の出席停止には踏み切れなかった」と話している。

教育評論家の尾木直樹・法政大教授は「司法的な責任と教育の責任は全くの別物。被害者を守るために、すぐにでも加害生徒を別室に移すなど毅然《きぜん》とした対応が必要だった」と指摘して

いる。（後略）

（二〇〇八年三月三一日　読売新聞）

私の考えからすると、学校側の対応はまったく論外というか、憤りすら感じるヒドイものです。

強制わいせつをした子どもが普通に授業を受け、被害にあった子どもが隔離されていて、その結果、被害を受けた生徒の学力が落ちたとすれば、ルールを破った人間のほうが活動の自由を保障されていることになります。被害生徒さらには登校している他のすべての生徒にとって、この学校は、強制わいせつや暴力など、「やってはいけない」社会の最低限のルールすら保障されない無法性が、その場でではないにしても結局のところは是認されてしまっている特異な空間になっているわけです。学校を、そういう特異な空間としてしまっては全くダメなのです。

もちろん、学校で何かあったらすぐに警察に突き出すとか、少しでも暴力を振るったら傷害罪で訴えるということになってしまうと、教育的見地からすればそれはそれで問題だと思います。しかし今まで、学校という空間と一般社会という空間を、あまりにも峻別《しゅんべつ》しすぎているようなところがあって、それが行き過ぎると、「教育的見地」という名のもとに、この調布市の中学のような本末転倒の事例が起きてしまうのではないでしょうか。

「あまりに特殊な空間」として学校を設定してしまっては、子どもたちの「社会的発達」を支えられるはずがありません。最低限のルールを共有できない生徒については、学校・教室という空間に共通して属することが許されないのもやむをえないという、社会的コンセンサスも必要なのではないでしょうか。隔離すべきなのは、被害にあった女子生徒ではなく、加害者の男子生徒たちであったというべきでしょう。

「教室の空気にあわせてしまう」――イジメに加担した先生

教室・クラスを統御できない例としては「教室の空気についあわせ過ぎてしまう」先生という場合もあります。

「教室の空気にあわせてしまう」最悪の例として、マスコミでもさんざん取り上げられた有名な事件があります。一九八六年、教師がクラスのイジメに加担して、中二の男子生徒を首吊《くびつ》り自殺に追いやった事例です。

被害生徒は「このままじゃ「生きジゴク」になっちゃうよ」という、なんとも痛ましい一文を遺書に残して、首をつりました。どんなイジメだったかというと、たとえばクラスメイトが彼を死んだことにして休み時間に葬式用の色紙を回し、みんなが追悼文を書くというものでした。その中に、あろうことか先生までもが「さようなら」と寄せ書きを寄せていたのです。当時のマスコミ報道でこの事件を知ったとき、「信じられない、とんでもない先生だ」という気持ちばかりが先立ちましたが、最近の学校の現場の情報に接するようになると、「あながち起こりえないということでもないな」という気持ちになってきました（もちろんそのことが「許されてよい」と思っているわけではありませんが）。

この事件についてはいくつかルポルタージュ本が出版されていますが、当人たちとしてはあくまでふざけたノリで「〇〇ちゃんが死んだので、先生もメッセージを書いてくださいね」と、そういうことをやっていた可能性があるようです。被害生徒自身も「びっくりした様子もなく、「あれぇ」と笑いながら対応していた」（宮川俊彦『このままじゃ生きジゴク』、角川文庫）らしいのです。その時点ではそんなに深刻な雰囲気ではなかったのかもしれません。

そんなクラス全体の雰囲気に、先生も深く考えずに合わせてしまった。クラス経営が子どもの性質の変化などから難しくなっていることもあって、先生の行動の軸が、大人としての判断からとらえられる善さや正しさではなく、子どもたちの多数の希望や考えに合わせるというマジョリティ重視の価値選択に移ってきている気がします。先生が「正しいことは正しい」「ダメなことはダメ」と大人として屹立《きつりつ》することができず、多数におもねることによって、かろうじてクラスの舵取《かじと》りをするという光景が時折見られるのです。

いじめている側からすると、単なるストレス発散や悪ノリの冗談のつもりでも、イジメを受けている側からすると、いろいろな状況が重なっていくことによって「生きジゴク」という凄惨《せいさん》な状況が作り出されてしまったことを、先生が助長していることになってしまっていたのです。

教師の権威を支える社会的コンセンサス（合意）がほとんど崩れている現状では、先生はどうしてもクラスのマジョリティの力を頼ってクラス経営をしていくという方向に流されがちです。威信とか威光があれば、相手がどんなに多数であっても、一人になっても自分を支えられるのです。しかし、威信や威光というものが失われている今の先生は、もはやクラスの主流の流れに自分も乗っていないと、ものすごく孤立化したり、生徒が言うことを聞かなくなるというリスクにさらされているのです。

クラス全体の流れから外れると、先生だって攻撃の対象になる

その結果、先生が上からものを申したり、クラス全体の流れと違う方向性を出すということが、非常にできにくくなっていると思います。

私の子どもが通っていた小学校での出来事です。

その学校では、ドッジボールがさかんで、男の子を中心に子どもたちも積極的にやっていました。そうしたある時、一人の先生がアメリカン・ドッジボールというゲームを導入しました。

これは六個のボールを同時に投げあうドッジボールで、ボール一個の場合と何が違うかというと、当然のことながら逃げ場がまったくなくなるわけです。つまりボール一個の場合なら、苦手な子は隅のほうに逃げていて、「当たらずに逃げ回ることによって最後まで残る」という形でゲームに参加することもできるのですが、アメリカン・ドッジの場合は、四方八方からボールが飛んでくる感じですので、三個や四個のボールを一人の子に集中して投げたりすれば、どうにも逃げ場がなくなってしまうのです。

娘からそのゲームのことを聞いた時、「ずいぶん危ないルールのドッジボールをさせているのだな」と思いました。そして「どうせ数日すれば、先生方も危険なゲームだということがわかって、いずれ普通のドッジボールのルールに戻すだろう」とたかをくくっていました。実際娘からは連日のように「今日は、◯◯ちゃんのメガネにボールが当って◯◯ちゃんが泣いた」とか、「強い男の子が近い距離から△△ちゃんにおもいっきりボールをぶつけて、胸にあたって苦しいと△△ちゃんが泣いちゃった」といった報告を受けていたものですから。

しかし一向に止《や》める気配が無いのです。おかしいなと思ってさらに娘から話を聞くと、

「先生たちは、「やろうやろう」という積極的な男の子たちの言いなりだから」というのです。やりたくない子は、どうしてもこの場合はっきり「イヤ」とはいえず、黙っているようなのです。だから「やろう、やろう！」という子たちのほうが、どうしても声は大きくなるわけです。「やりたくない」ということをはっきり言える子はまれで、きちんと多数決をとれば結果は逆なのかもしれないけれども、「やりたい、やりたい」という声が実際にあったときに、それを制御しきれずに、「じゃあやるか」みたいになってしまっていたのです。結局、妻とも相談しながらこちらから学校にきちんと話を通すことによって、少なくても六個のボールを一度に投げ合う形のルールはやめてもらいました。できれば先生方の方で、声を上げられない子どもたちの状況を把握して、事前に策を講じて欲しかったと今でも思っています。

生徒の集団的力の怖さということでは、こんな事例もあります。学校の裏サイトに書かれている生徒への誹謗《ひぼう》中傷をやめさせようとして、先生が自分の身元がわかるような形で削除依頼を出したところ、今度はその先生がクラスの子どもたちからの誹謗中傷のターゲットにされたのです。

つまり子どもたちの中で、「自分たちは人の道に照らして悪いことをやっている」といった倫理規範が崩壊しているときに、自分たちの流れに逆らうようなことをするということは、たとえそれが先生であったとしても攻撃の対象となってしまう状況ができてしまっているわけです。ですから先生自体がそうした傾向に恐れを感じるというのは、ある程度やむをえないかもしれません。よほど覚悟を決めるか、あるいは自分を支える強い倫理的信念か何かがないと難しい。

ですから私の考えとしては、大人が社会的コンセンサスとして、少なくとも先生と生徒、親と子、大人と子どもといった形の非対称的な関係においては、上下関係というものは絶対不可避であり必要な関係だということを、**最低限の共通了解として社会全体で保っていかないとダメ**だと考えているのです。

「教師は上からものを言うな」という思想で、教師の力を根こそぎ取っていってしまうやり方ではもう、現状に対応できないのです。ときには「上からものを言う」ことも大切なのです。でもそれは周りの支えがない状態で、一人の先生の力だけでは行うことは不可能です。昔だってそれは不可能だったのかもしれません。しかしなぜ昔はそれができたかといえば、先生はその人一人の力において子どもたちを指導していたのではなく、大人社会の代表者として、大人社会の価値規範を代弁する形で生徒と対峙《たいじ》していたからにほかなりません。だからそこには一定の権威や説得力があったのです。昔は上からの指導を自然に行うことができたのです。大人社会の共同体的規範性の強さが、先生方を支えていたからです。しかし今は自然の形では社会の共同体的規範性は存在しません。ですから、大人として真っ当な（正当性の高い）指導内容を社会全体で支えられる状況、つまりそうした真っ当な（正当性の高い）ことをきちんと指導する先生を、保護者や地域の大人も含めて社会全体で支える状況を、自覚的にもう一度作り直す必要があると思うのです。

「生徒を傷つけたくない」と、起きたことをなかったことにする先生

生徒を統御できない、あるいはあえてしない「友だち先生」と呼べるような先生がいます。友だち先生は、しばしば「教室で起こっていることをないものとしよう」とすることがあります。もちろん、「ことなかれ主義」の部分もあるのでしょうが、厄介なのは、「生徒を傷つけたくない」という思いが強すぎて、結果的に生徒を良い方向に教導

できないケースです。

これは小学校四年生の学級の事例です。集金したお金が教室でなくなったということがありました。「全員で探しましょう」ということになって、探したところ一人の机の中から出てきてしまったのです。しかしその先生は事が大きくなることを恐れてか、そこで「このことは誰《だれ》にも言わないように」と子どもたちに口止めをしました。ですが、相手が子どもですから、当然何人かは親に言ってしまったわけです。

このことをおおっぴらに明るみに出していいかどうかは生徒への指導上の観点もありまた別の議論になりますが、この先生を見ていると、問題を自分のなかに囲い込もうとするというか、起きたことをなかったことにしようとする傾向が感じとられます。クラス担任制が閉じた世界を作ってしまう、まずい例なのではないでしょうか。

「家庭の事情が複雑な子だから」と叱《しか》らない先生

もう一つ、小学校二年生の学級の事例です。

一人の男の子の傘が、学校のトイレの便器に投げ込まれていたり、教科書が捨てられているということがありました。それを誰がやっているかは、だいたい察しはついているのですが、それを追及しようとはしないのです。先生方も知っているのですが、誰も「お前がやったのか？」とは追及しない。やられたほうの親は当然怒っていて、「A君だということは事実上わかっているのだから、二度としないように注意してほしい。そうでないと今後いやがらせがますますエスカレートされる恐れがある」と要求するのですが、あくまでも先生はこう言うのです。「誰かはわかりません」「犯人探しはしたくありません」と。

そんなふうに言っておきながら、「でもA君も、家庭の事情が複雑で、かわいそうな子なんです。担任の私が母親代わりに守ってやらなくてはいけないんです」というような説明をするのです。A君は家庭でつらい状況に置かれている子だそうで、女性の担任は自分が「母親代わりになってA君を守る」との気持ちが強く働いていたようです。しかし、彼のやったことを無条件で許していい理由にはなりません。このケースなど、「人柄志向」だけでしか見ていない典型例ですね。

つまり「事柄志向」で「悪いことは悪い」と「事柄志向」の観点から指導したうえで、

A君が家庭で問題を抱えているのであれば公的な機関などと相談しながら、A君の身体的安全や精神的安定を保つために、その部分では「人柄志向」で考えてあげる必要があったのではないでしょうか。

「事柄志向」がなければ、ただただ包摂するだけになってしまい、子どもがいろんな悪さをしても「あの子はかわいそうな子だから」と目をつぶることになりかねません。先にも述べたように、これでは、将来その子にとって良いことは一つもないのです。

「事柄志向ゼロ」のサンプルがモンスターペアレント

こうした問題は、親の側の問題としても指摘できます。いわゆるモンスターペアレントたちですね。たとえば子どもが万引きをして呼ばれたときに、「子どもが万引きをしたくなるような陳列の仕方が悪い」とか、「たかだか数千円なんだから払えばいいだろう。こんなはした金で犯罪者呼ばわりされるなんて子どもがかわいそうだ」という親が実際にいることは、最近いろいろな所で紹介されていますね。

ほかにも、自分の子どもがいじめの加害者なのを知っていながら、知らないフリをしたり、「（自分の子どもがいじめているという）証拠を示せ」と逆ギレしたり、そういう形で子どもを過剰に守ろうとする親が増えています。ですから、今の学校では、「あなたの子どもが他の子どもをイジメていますよ」ということは今の親には非常に言いにくいそうです。昔の親なら自分の子どもがやっていることは直感的にわかって、「申し訳ございません。きびしく言って聞かせます」となったのでしょうが、今は「本当にそうなのか、納得できる証拠を出せ」という親が増えています。

「生徒個人を呼びつけて面談をする」ということ自体が、場合によっては難しい状況というのが生まれているようです。ましてや「親を呼び出す」ということは非常に難しく、リスクが高いことだそうです。「もし違っていたら、どう責任をとってくれるんだ」ということになるわけです。

先日新聞を読んでいたら、こうした親の態度を「自子中心主義」と表現している記事が目に止まりました。なかなか的を射た表現だなと思いました。

このような親たちも「事柄志向性」を放棄していると私は思っています。その子が何をやったかという事実はどうでもよくて、とにかくその子の人格を（将来的にはその人格そのものを損なってしまうような形で）守ろうとしているわけです。

先生は生徒の記憶に残らなくていい

子どものことを統御できない「友だち先生」や、あるいは子どもから否定的に見られることを極端に恐れている先生はたくさんいます。今の学校や社会の状況から考えて、仕方のない面もあるとは思います。

誰しも人は「いい人」と思われたいわけです。しかし「いい先生と思われたい」ということを絶対化すると、生徒や学生を前にして、いわば「大人として筋を通す」ということができなくなります。大人と子どもは違うんだということを時には前面に出さなければ、教師が帯びている〈力〉を行使して生徒を指導することができません。ふだんは友だち先生として、仲のいいお兄さんお姉さんでもいいのですが、いざとなったときに、大人として、先生として筋を通すんだぞということがもはやできないほどフラットな関係を作ってしまっているケースが、非常に多いですね。とくに小学校などではそうなりやすいようです。

そのことに関連して、前著『友だち幻想』の中で「先生は記憶に残らなくていい」と書きましたが、そのことを少し詳しく展開して述べてみたいと思います。

私の研究室のゼミでは、いわゆる「追いコン」(卒業生を送る追い出しコンパ)などに、ゼミのOBが集まったりしてくれます。このごろは参加人数も増えてきて、数年前に卒業したかわいい学生たちが東京や秋田などからも集まってくれるわけで、非常にうれしい気分になります。そうやって卒業生たちの顔を見ると、とても幸せだなと思います。みな「先生、先生」と懐かしがってくれます。そんな瞬間は「先生業をやっていて本当によかったな」と思います。しかしこの光景だけに酔ってだけいてはダメだなとも思ってしまうのです。私のゼミに入ってあまりいい思いをしなかった学生は、来ていないわけですから。卒業後まったく連絡がとれていない学生も半数近くはいるのです。このことも、同時に忘れてはいけないことだなと思っています。

「記憶に残るいい先生であることに酔ってはいけないいな」とか、「そのことを目的にしてはいけない」ということを私が強調するのは、私自身が教師である限りにおいて、まさに私自身の問題だと考えているからです。

問題解決よりも思い出作りに走る「友だち先生」

私の知る中には、次のような先生もいます。「思い出作りにいそしむ先生」です。たとえばある小学校の六年生の担任は、教室でいろいろな問題が起きているにもかかわらず、そういうことをほとんどスルー（無いものと）するという形でやりすごしてしまう先生でした。問題をあえて取り上げないことによって、その問題そのものが無いかのように扱おうとするタイプの先生でした。だからといって子どもたちに関心がないわけではないのです。

「先生は最近どんな感じで授業とかやってるの？」と子どもたちに訊《き》くと、「クラスの子たちの写真をデジカメでたくさん撮っている」と言うのです。どうしてそんなに写真ばかり撮っているのかなと思っていたら、卒業式の当日にＣＤ－ＲＯＭに焼いて、しかも一人ひとりのオリジナルの写真集を渡してくれたのです。ですから子どもへの関心はあるのです。手抜きな先生でも、いい加減な先生でもないのですが、エネルギーが「クラスの問題を解決する」という方向にはどうしても向かわない。それよりは、「思い出作りをしたい」先生なのです。

「昔は良かった症候群」という言葉があります。自分が若い時期や以前の時代を実際以上に美化する傾向のことです。ややもすると私たちは、自分たちの過去を〈ロマン化〉してイメージしがちなのです。たとえば日本が高度経済成長期に向かう昭和三〇年代が、今の中高年にとって、当時の現実の実態以上に「希望に満ち溢《あふ》れていた」時代として想起され、「あの頃《ころ》は日本が一番輝いていた」と必要以上に理想化されるといったことが起こっています（布施勝彦『昭和33年』、ちくま新書）。

ＣＤ－ＲＯＭに写真を残すということは、こうしたロマン化されたノスタルジー（郷愁）という形の〈記憶の再構築〉の仕掛けになっているのです。この先生は、心から「子どものために」と思ってやっているのでしょうが、結果的には「自分自身のため」ということになっているのではないでしょうか。

つまり、子どもたちが大人になってからそれを見たときに、「いいクラスだった」「いい先生だった」という〈理想化された思い出づくり〉の仕掛けを作っているのです。もっとも先生本人が、そうしたことを意図的にやっているということではないのです。しかし客観的にみていると、本人の自覚とは裏腹に、「記憶に残るいい先生」でありたいという思いが肥大化してしまっているわけです。

たとえばイジメという問題が起こっている場合に、イジメをしている側の子どもに対して、先生はある程度の圧力をかけなくてはいけません。聞き取りをしたり叱責《しっせき》をしなければなりませんが、そうするとその子どもから「うわー、あの先生怖い」と思われるという、そのことが怖いわけです。その子たちの「思い出」のなかでは、その先生は素敵な先生、いい先生ではなく、怖い先生、叱る先生として記憶に残ってしまう可能性が高い。おそらくそのことがこの先生には耐えられないのだと思います。一人ひとりの生徒に即したCD-ROMを手作りするというのはとても大変な仕事で、そうした努力には本当に頭が下がります。しかしその努力が、〈いま・ここ〉で起こっている問題から目を背けさせる恐れを招いているというのは、とても皮肉なことです。

私自身にも思い当たることなのですが、とかく教師は学生や生徒から「良い先生」と思われたい存在のようです。ついつい「いい思い出を作りたい」教え子たちの中に「良い先生として記憶に残りたい」と思ってしまいがちなのです。しかし、そうした思いが、

〈いま・ここ〉での学生・生徒たちとの関係において毅然《きぜん》とした厳しい態度を取らなければならない必要が生じた場合に、そうした態度が取れない結果を招いてしまったり、クラスで起こっている現実の問題から目をそむけさせたりする危険もあるのです。そのことを私たち教師は、よく自覚しておく必要があるのではないでしょうか。

人からよく見られたい、あの人と出会えてとてもよかったという思いは誰でも持っていて、人からほめられるということは、人間の〈生の味わい〉にとってはとても大きなアイテムになるわけです。けれども、そのことに振り回されてしまっては、先生という仕事はダメなのだと思います。生徒に向かっていざという時は、「筋を通す」という覚悟とエネルギーが、教師という職業には不可欠になるわけです。

このところ、威信とか威光というような言葉を想起させるような体験やそういう人物を見ることが、日常生活のなかですっかりなくなりました。英語でprestige（プレステージ）と言われるようなものが、学校の現場ばかりか私たちの社会自体から失われているということですね。「畏怖《いふ》の念」などという言葉も最近聞かなくなりました。一度失われたものはなかなか戻らないのが歴史の常です。

言っていることにブレのない先生は信頼される

しかしそうした prestige といったものを回復するきっかけとなるような良い例として、何かヒントになるものはないかと思っていたときに、O先生というある先生のことを思い出しました。その先生は、長く中学校の教師をしていて、最後に小学校の校長先生をなされて退職された方です。一言でいって教師としてのカリスマ性の非常に高い人でした。その先生にお会いしたときに、こんなエピソードを話してくれたのです。

荒れている中学校で、廊下にゴミが落ちているのを見て、O先生は一人の問題行動を起こしがちな生徒（当時の言葉で「ツッパリ」）に拾うように指示しました。するとツッパリ生徒は素直にゴミを拾いました。それを見ていた別の先生が、「へえ、あいつは言えば拾うんだな」と思って、別の日に同じようにゴミを拾うよう命じたところ、殴りかかられたそうなのです。その先生はO先生に、「先生と同じように指導したのに、僕は殴りかかられました。これはどういうことですか」と詰め寄ってきたそうです。

後日O先生がその生徒に理由を尋ねると、「あの先生は気分次第で指導態度が変わる。

だからぜんぜん信頼できない。O先生の場合は、悪いことは悪い、良いことは良い、という判断の基準を俺《おれ》たちに示してくれていて、判断の基準にブレがない。だから言うことをきく気になるんだ」といった内容のことを語ったそうです。

先生と生徒の日ごろの信頼関係というのは、必ずしもフラットな、フレンドリーな関係から生まれるものではないのです。やはり一定のprestigeを持って、それをもとに先生が価値基準の軸みたいなものを作っておけば、そこに生徒指導の可能性はあるはずなのです。生徒からの信頼を得るために、善悪の基準も含めて、その先生の「真、善、美（ほんとう、良いこと、心地よいと考えていること）」がある程度わかりやすく見えていて、筋が通っていれば、生徒は言うことをきくはずです。そしてそれを伝える際のコミュニケーションの取り方においては、「フレンドリー」で「フラット」な雰囲気づくりをして生徒の気持ちを和ませるということが必要なのかもしれません。

もう一人、これも生徒の生活指導の領域で非常に定評のある先生のエピソードです。その先生が私どもの大学の新入生の合宿研修（春に新一年生全員を連れて大学生活等についての一泊の研修をする行事）の際に講話をお願いしたことがありました。二日目の午前中の時間だったので、前の日の疲れから大学生たちは眠いらしく、最初からテンションが低い様子です。

しかしその先生は、最初からニコニコ上機嫌で面白い口調と話題で学生たちを引っ張っていきます。しかし何百人もの学生が一斉に聞いている講話なので、ところどころでコックリコックリしている学生が私の目にも見えました。するとその先生は、そうした学生の方にすっ〜と寄っていってやはり笑顔を絶やさないまま（でも目は笑っていません）、「どうだ、やっぱり眠いか」と声をかけたのです。学生はまさか大きい講堂の真ん中あたりに座っている自分のところに講師の先生が歩み寄ってくるとは思ってもいなかったらしくビックリして起きました。同時にところどころ別の場所で眠りかけていた学生たちも目を覚ましました。

演台の中央に戻ったその先生は、やはりニコニコしながら「そうだよなぁ、やっぱり眠いよなぁ、でももうちょっとだから先生の話、聞いてくれなぁ」とおっしゃったのです。

学生へ近寄るタイミング、距離感、声掛けの調子、演台に戻ってからの一言、どれをとっても「なるほど、生徒指導のベテランだけある」と感心する振舞い方だったのです。一言でいって全然威圧的ではないのに、毅然とした威信を感じさせる。思わず自然と、しかも不快な強制感を伴わないで、その人の指示にしたがってしまう、そんな感じの指導でした。

現代社会において、権威・威信を保つためには、むき出しの威圧感とは違ったひと工夫が必要なのだな、と改めて考えさせられた体験でした。

「他人に迷惑をかけなければ何をしても自由」は正しいのか？

さて、また少し私の話をさせて下さい。

私の授業には、学生が守るべきルールというのが四つあります。

一、私語の禁止。二、過度の遅刻の禁止。三、途中の自由な出入りの禁止。四、完全睡眠（つまりまったく授業を聞かずに、体を投げ出して寝ることですね）の禁止。この四つです。この四原則をいつも言うのです。

私語はまわりに迷惑がかかるということがありますが、ほかの三つに何が共通しているかというと、周りの聴き手のモチベーションと、さらには話し手であるこちら教師のモチベーションを下げるんですね。これも間接的に、まわりに迷惑をかけていることになります。

リベラリズムの根本である、「人に迷惑をかけない限り何をしても自由」という公準は、「社会の正規のメンバーである」大人に関しては、適用していいと思います。しかし社会の正規のメンバーになりかけている子どもに関しては、きつい要求だと思うわけです。

一〇四～一〇五頁で取り上げた、授業中にファッション雑誌を読んでいる子の場合だって、先生が注意してやればもっと学力が向上したかもしれないのに、そうした生活態度を続けていくうちに成績がもし下がってしまったときに、それは「自己責任」でしょうと果たして言い切れるかどうか。大人がもっときちんと働きかけをすれば、彼女の成績はもっと伸びたかもしれないということを考えると、やはり「（生徒）らしさ」とか「（生徒）として」ということを、大人たちはもうちょっと意識して伝えるほうがいいと思うのです。

「らしさ」と「として」という性格づけは、世間ではこのところとても評判が悪く、そうした堅苦しい型から解放されることが人間の自由であるという雰囲気が戦後から今日に至るまで長く続いています。しかし私はそろそろ次の価値観への転換期に入っているような気がしています。旧来のあまりにも固定化した「らしさ」「として」ではない、その時代その時代、あるいはこの家この家の、子育ての原則に従った、「らしさ」「として」という意識を持つことは、私は必要だと思います（この点については次の第七章でも触れます）。

だから私は、折にふれて「大学生らしさ」「大学生として」ということを、あまり押しつけにならないような形でなんとか工夫して学生たちに伝えようとしています。

若者も秩序を望んでいる

私の授業では、いま述べたように、「私語の禁止、過度の遅刻の禁止、自由な出入りの禁止の定義、完全睡眠の禁止」については厳しく言いますが、「それらのルールを守っていれば、ほかはうるさく言わない」ということを最初の授業のときに言います。そう宣言した以上、もし次回以降の授業でそれが破られたときは、「そのことは前にきちんと言ったでしょ」ということで、授業空間を統御します。

　こうした形で授業を進めていくと、授業の最後に学生にアンケートを書いてもらったときに、授業内容はともかくとして、大教室であればあるほど「きちんと私語を注意してくれて、非常に気持ちがよかった」「どんなに人数が多くても私たち一人ひとりを個々の学生としてきちんと見ていてくれた」という授業進行に対する肯定的な意見が圧倒的に多く出てきます。

「いまどきの大学生は、授業中に私語や携帯電話をいじるのは当たり前」みたいなイメージが出来上がっているふしがありますが、じつは私語をしているのは少数で、多くの学生は迷惑に思っているのです。

　つまり、若い人たちだって、「秩序だった空間は、必ずしも不快ではない」のです。勉強すべき空間なのだから勉強しようという学生が大多数なわけで、それは潜在的な声なき声になっているわけです。

　私は「筋を通す」ということだけは意識をして、「自分の価値基準というものはこうですよ」ということを明快に示し、ブレのないようにしています。そして授業の雰囲気はなるべく明るく楽しい感じに持っていこうとします（先ほど取り上げた合宿研修で講話をしていただいた先生の振る舞いを少し真似《まね》てみたりしています）。もちろん、私の場合は相手が大学生ですから、小学生や中学生に比べれば、だいぶやりやすいという有利な部分もあるとは思いますが。

学校教育に「ビジネスマインド」を持ち込むのもほどほどに

ここまで述べてきて、改めて確認しておかなければならないことがあります。

それは、「事柄志向」や「クールティーチャー」の内容を変な風に誤解されると、「学生を品質管理する」というような発想の方向にいってしまいがちだということです。

大学での会議などで、ときどき「学生の品質管理」というような言葉が出てくることがあるのですが、その度に私は非常に違和感を覚えます。人間である学生たちを商品のメタファー（比喩《ひゆ》）でとらえることへの抵抗感が強いのですね。

私は「事柄志向」を重視してはいるのですが、それは、**品質管理といった商品語でも**

って学生を語ることとは本質的に異なる視点であるということをわかっていただきたいと思います。教育はやはり根本は人間を対象としている営みであって、「物品の性能や品質を均一化することとは違う」ということを明確に自覚すべきだと思います。

事柄志向と人柄志向は区別するのだけれども、それは最終的には結びつけて考えるべきことだし、人間を育てているわけですから、「品質管理」等の工業製品の比喩で学生や生徒を考えるのは、やはり行き過ぎだと思っています。教育にも、効率性というか、ビジネスマインドというか、それはゼロではもうダメな時代だし、実際ある程度必要な感覚だとは思うのです。確かに、事柄志向というのはそういう要素も含める考え方です。結果や業績の評価をそれなりに重要視する時代になっていますからね。

でも子どもというのはモノではないし、教育は生産とか消費といった経済学的なタームでとらえられる分野ではありません。事柄志向と同時に人柄志向的な側面も持っていなければ、やはり教師としてはダメなのです。

だから、「（客観的成果はともかく）昨日より今日のほうが頑張ったね」という評価もあっていいのです。でも大切なのは、「今自分はそういう人柄志向的な評価をしているな」という教師としての自覚、意識の自己対象化が必要だということです。そこを事柄志向的な「客観的評価」と混同してしまうとダメなのです。「あえて自分は、この点に関してはこういう観点でこの子のことを見る」という自覚を持っているべきと思います。

関連して、最近よく指摘されることですが、子どもたちや親たちが、学校に対して、サービスを受ける主体、マーケットにおける消費主体のような感覚になりすぎているという問題があります。つまり「サービスを受ける消費者である」という意識が非常に強くなっているのです。そのため自分の気に入らないサービスの提供に対しては、端的に拒否の態度をとるのです。快適なサービスを受けるのは当然だという考えで、これも教育の現場を難しくしている大きな要因です。

もしこうした関係を字義どおりに受け取れば、学校は、もう他の社会の領域と区別した形で聖域化しなくていいことになってしまいます。サービスの消費主体と提供者という観点でわりきれば、万引きや校内暴力に相当するような学校でのルール違反は、一般社会のルールに即して厳罰に処していいことになり、「教育的観点」や「教育上の指導」というものは必要なくなります。あまり先生側だけが学校を特殊な聖域として考えないほうがいい時代になってしまっているのかもしれませんが、「教育的観点」や「教育上の指導」という発想がゼロになってしまえば、それはそれで学校としては非常に問題ですね。

しかし逆に地方の公教育などを見ていると、やはり子どもたちを「人柄志向」でだけとらえようとして「事柄志向」の観点が弱いなということをとくに感じます。今、事柄志向の観点で必要なのは、小学校までの子どもたちが持っている「何でもできる」「自分が中心だ」といった全能感を上手になだめて、次第に自分の制限や限界を受け入れる態勢を、教えることなのではないでしょうか。

「生徒が傷つく」ことにあまりに過敏な学校

マスコミなどでも時折指摘される運動会の「徒競走」のあり方もそうなのですが、予選をやってタイムが同じような者同士で走らせるとか、極端な例では、最後はみんなで手をつないでゴールするというような学校があるようです。

そこでの考え方の核には、「生徒を傷つかせたくない」という発想が根強くあります。

でも、子どもたちに挫折《ざせつ》体験をさせることを極端に恐れ、学校でそうした体験への免疫を全くつけない形で、ある時期にいきなり傷つけられた場合、そのほうが子どもたちのショックは大きくなると思います。とくに地方の場合だと、最初に客観的な選別や競争の結果が出るのが、高校入試です。そこで初めて「自分はたいしたことない」「このくらいの学力しかない」という現実を突きつけられるわけです。その時期までいくらオブラートに包んでいても、ある日自分の能力の限界をいきなり突きつけられるわけで、オブラートに包まれてきた分ショックは大きいことになります。

こうしたことの例として通信簿の問題が挙げられます。

現在、通信簿のインフレ現象が起こっていて、絶対評価が導入され「1」がつかないということが生じているわけです。極端な場合九割の子どもが「5」をとるというすさまじいインフレが起きています（二〇〇八年五月六日産経新聞）。その結果どういうことがおきているかというと、たとえば学校の評定が同じ「5」の子でも、塾の偏差値では30〜60という激しい開きが出てきてしまったりしています。評定が信頼できない以上、各自治体は到達度テストを導入すべきだという意見も出ているほどです。

絶対評価がなぜこのような問題を引き起こすかといえば、日本の場合はどうしても、「事柄志向」と「人柄志向」が未分離であったり、あるいは「教育の現場は人柄志向でいくべきだ」という考えが支配しがちだからです。「絶対」ということと、その人の人柄とか人格とかと結びついて感覚されてしまう

この「人柄」というのを評価面で広くとると、「前より頑張った」とか、「この子の能力としてはじゅうぶん健闘した」というようなところに重きをおいて評価する傾向になります。先ほど「教育的観点」という視点からこのような評価の仕方にも一定の理があるということを述べましたが、評価のすべてがこのような意味での絶対評価（↓じつはこれは絶対評価ではないのです。「個別評価」という表現が正確です）になってしまったら、やはり今の教育現場の感覚では、「5が九割」ということも十分に起こりうると思います（「みんな頑張ったよね」というご褒美的感覚ですね）。個別評価と絶対評価のこのような混同された意識が根本的に変わらない限り、少なくとも今の日本の社会に「絶対評価」というのはなじまないはずです。そもそも絶対評価とは、各教科をさらに観点別に到達度を客観的に作って「ここまでのことができなければ認めませんよ」というこ

とですから、本当はかなり厳しいことなのです。たとえば、小学校、中学校、高等学校のそれぞれの段階でかくかくしかじかのクリアすべき絶対的基準があるということですから。小学校二年生で九九が言えない生徒は、上の学年に上がれないということだって十分ありうる厳しい制度になるはずなのです。

ところが日本の社会のありようとしては、元来共同体的な性格が強く、業績主義的評価の土壌は弱いですから、先生が生徒を見るときも、どうしても「行いの事実として測られる業績」で見るのではなく、「その子の人となり」とか、「頑張った、頑張らない」「目が輝いていた」「家庭環境が恵まれていないわりに頑張った」というような方向で見ます。だから、どうしても甘くなるのです。

フィンランドの教育が素晴らしいということで何かと話題になっていますが、フィンランドも絶対評価のようですね。しかし、その実態は非常に厳しいもののようです。「ここまでできなければ、学年として認めませんよ」ということは徹底しているということです（苅谷剛彦＋増田ユリヤ『欲ばり過ぎるニッポンの教育』講談社現代新書）。

極端に振れすぎないこと

結局一番のポイントは、「極端に振れすぎてはいけない」ということなのです。

いまの学校教育の状況は、学習指導要領も変わって、教育の大転換が起ころうとしているところです。つまり、「ゆとり教育批判」がマスコミも含めて叫ばれている中、文科省も「総合的な学習の時間」を削減しながら、基礎・基本の重視へ修正し、全国基礎学力調査なども実施して、何とかして学力低下に歯止めをかけようと躍起になっているところです。

私のスタンスを言えば、いわゆる「ゆとり教育」については、謳《うた》っている理念や志は理解できるのですが、実際のカリキュラムの状況を見ると、やはり批判されても仕方ない面はあると思います。苅谷剛彦さんの言葉を借りれば、「身の丈に合った要求かどうかという判断なしに、リフォームの一環として取り入れられてきた」（前掲書）ということになるのでしょうか。

とはいえ、ゆとり教育から今度は「基礎・基本の重視」路線に振り子のブレが大きすぎると、また「つめこみ教育」とか「管理教育」と批判されるような状況に日本の教育が再び陥る危険がないとはいえません。だから、「どういうふうにバランスをとるか」ということに、大人は神経を使うべきだと思います。

一二九～一三〇頁で私は、「アメリカン・ドッジボール」のことを批判的に述べましたけれども、学校によっては「ドッジボールは危険なゲームだ」といって、ドッジボールそのものを禁止しているところもあるそうです。これなどは振り子のブレが極端な例にあてはまるのではないかなと思います。さすがにボール六個のアメリカン・ドッジには私は反対ですが、ボール一個を使うふつうのゲームや、あるいはダブル・ドッジというボール二個を使うものぐらいまでなら、先生がちゃんと見ていれば、禁止するほどのものでもないと思います。

私の子どもが通う小学校では、数年前に持久走大会がなくなってしまいました。持久走は心臓に負担がかかり危険だという判断からしいのですが、廃止のはっきりした理由は定かではありません。とくに何か具体的な事故が起こって問題になったということではないのは確かです。何かが起こる前にとりあえずリスクの高い学校行事は取りやめるという方針だったのかもしれません。これなども極端な安全性の重視の例だと思います。

リスキーなものをやみくもに排除すればいいというものではないと思います。もっと「ゆとりと基礎学力」や「安全とリスク管理」といったもののバ、ラ、ン、ス、を、と、る、間をとる、という発想を、子育てや学校教育や学校運営の場で持ってもらわないと、子どもを預けている親の身としてはちょっと不安ですよね。極端な理想主義的自由教育でも、極端な現実主義的管理教育でも困るのです。

第七章　しつけは学校の責任か？

しつけは学校の責任？

ここまで先生や学校に関して、比較的厳しい視線からの叙述が続いてしまった感がありますが、でももちろん教育の問題は単に学校という場に限定されて生じるものではありません。家庭という場における教育が学校という場に呼応しないと、というより子どもの教育に対する本来の責任主体は家庭にあると私は考えています。

これは象徴的な例なのですが、ある学校で、学校での振舞いなどの面でいろいろ問題のある生徒がいて、「もう少しご家庭でのしつけをちゃんとしてください」と担任の先生が親に言ったところ、「学校にいる間のことは、学校でちゃんとしつけをしてくれないと困る」と逆に抗議の言葉が返ってきたそうです。モンスターペアレントの一種といえると思いますが、こういう発言を実際の親が行う現実の中では、先生方も本当に大変だなと思います。

最終章では、家庭での子育てについて述べておきたいと思います。

子育ては、子どもを通した「親の生き直し」？

子育てについていえば、育児放棄などに関する報道が目立つことがありますが、全般的にみて今は、子育てに熱心な親が多いというのが私の考えです。ただしそのことにまつわる問題がいろいろ散見されるわけです。

現代の子育てというものを見ていると、「子どもを通した、親の生き直し」という側面が強く出すぎかなという気がします。それはよくマスコミによって批判の槍玉《やりだま》として上がる、「お受験にハマる親たち」などを見聞きするとよく感じます。

お受験まではいかなくても、親が子育てをするときのポイントは何かと考えると、やはり「自分があのときああすればよかった」とか、「こんなふうにしたのは失敗だった」ということを、自分の子どもにはもう少しましな形でクリアしてもらって、自分が一度しか体験できなかった人生をもう一回振り返りたいという「親心」が、無意識に働いていることがよくあると思います。もちろん、親のエゴといえばエゴなのです。しかし親が、どうしても自分の経験を元にして子どもを教育する以上、このことはゼロにはできないと私は思っています。

たとえば殆《ほとん》どの親は「もっと勉強しなさい」と言いますが、殆どの大人は自分が子どもの頃《ころ》はそんなには勉強しなかったはずなんですね。それでも子どもには勉強しなさいと言ってしまうのは、「あのときもっと勉強しておけばよかったな」という自分の人生を振り返ったときの後悔の思いからなのです。その点をまず、親は自分で自覚した方がいいですよね。自分自身にはできなかったことを、自分の子どもについ要求してしまっているということを。

「純粋に子どものためを思ってやっている」と過度に考えすぎても、それが自己犠牲的になってはストレスになりますし、あとからうまくいかなかったときに「子どもに自分のエネルギーと時間を奪われた」ということになってしまいます。これは親がよく陥りがちなパターンです。「自分自身をそこに投影しているんだ」ということをまず認めて、それが過度にならないように、子どもに息苦しさを与えない程度にコントロールする。

そんなふうに、冷静に考えることが必要です。

人間の発達の構造をとらえるキーワード——「美・善・真」

発達の段階に応じて教導するということは、とても大事です。

発達の段階は、一般的な発達心理学では、三〜五歳くらい、小学校の低学年、小学校の中学年、思春期、青年期前期——という区切り方があるのですが、基本的には個人個人の発達の度合いというのもやはり重要になってくると思います。

ただ、私はもう一段階普遍的なところで発達の構造を考えたいと思います。

それは、プラトンが人間社会の本質を表した「真・善・美」という三つの徳目と関連しています。じつはこれらの徳目が、人間の発達の構造をとらえるキーワードになりえると、私は思っています。

プラトン自身は発達論的な順番はとくに意識して考えていなかったのでしょうが、人間の精神的発達を考えた場合は、真・善・美の逆の**「美・善・真」**の順に内面的な成熟を見るような気がしています。つまり、子どもの発達は、「美」を土台として「善」の意識が生まれ、それを包摂する形で「真」が構成されるというような、そんなイメージで考えると、とてもわかりやすいと考えています。

「真・善・美」とはそもそもどういうことか。哲学者の竹田青嗣《せいじ》さんなどのプラトンの解釈にも影響されて考えているのですが、「真」というのは「(認識として)正しいこと、正しくないこと」という区分けの価値観です。「善」は「(道徳的価値として)よいこと、よくないこと」ですね。「美」は何かと言うと、「美しい、美しくない」というニュアンスよりも、「(快―不快の感覚からして)心地よいか、心地よくないか」というニュアンスで考えるとよいと思います。子どもにとっての「美」は、「快、不快」、「心地よいか、心地よくないか」に引きつけて考えるとわかりやすいでしょう。

これを「真＝学問」「善＝道徳」「美＝芸術」というように、制度化された知的領域にだけあてはめて考えてしまうと、一人ひとりの人間の日常生活や日々の成長との関《かか》わり方は、ほとんどとらえられなくなります。しかしこれを「真＝ほんとう」「善＝よいこと」「美＝心地よさ」という形でとらえなおすと、プラトンの格式ばった世界がちょっと違って見えてきます。

では、人の発達において、これが逆から構成されていくというのは、どういうことでしょうか。

幼児期というのは、その子どもにとっての「快、不快」という感覚が、世界を分節化する基準の中心となります。ですから、この時期は「何をもって快と感じさせるか、不快と感じさせるか」というのが、しつけの要素として非常に強いわけです。

たとえば部屋がどんなに乱雑でも平気である人がたまにいますが、そうならないためにはどうしつけるか。もちろん生得的なものは非常に大きいとは思うのですが、小さいときに「片付けなさい」と叱《しか》るだけではなくて、片付けた状態が心地よいということを、ちゃんと親が伝えられるようになれば、子どもはそれなりに整理整頓《せいとん》された空間を心地よいと感じるようになるでしょう。

排泄《はいせつ》のしつけから始まって、「心地よさというものをどうやって身体的に感得させるか」というのが、幼児期においてはとりわけしつけのポイントになるということです。

その「快、不快」の感覚をベースとして、一般的な発達の段階でいえば、幼児期から小学校にかけて、今度は「相手にとっての快、不快」をもイメージできるようになります。それをベースに、自分にとって不快なことを相手に与えるのはよくないことだというふうに、「快、不快」が他者との関係性の中で編みかえられていくと、「善（と悪）」の根拠になるというように発達していくのです（袰岩奈々『感じない子ども　こころを扱えない大人』、集英社新書）。

そういうことをふまえて、段階的に「真（と偽）」が、学校で勉強していく中で「これは正しい、間違っている」という形で理解され、ある種の知的判断ができていくというこ とになります。

ただし、善と真の内面化は割と同時進行的な要素も強いのかなとも考えています。「美→善→真」が基本だと思うのですが、「美→真と善」とも考えられるかもしれません。

なぜ「勉強しなさい」と言っても言うことをきかないのか

〈「美」から「善、真」へ〉というキーワードを置いて子どもの成長を考えれば、親御さんにとっては、そのつど「自分は何をポイントとしてしつけているのだろうか／しつければよいのだろうか」というしつけの指標が見えてくるのでは、と思います。

たとえば、「勉強しなさい」「いい学校に入るために頑張りなさい」というしつけは、「真」の部分、つまり知識というものをポイントに置いているということになります。

でも、「真」より前に、いちばんベースになるのは、「美」です。つまり、自分の子どもは「心地よさ」をどう感受できる身体性になっているのかに、まず配慮することが重要だと私は思います。勉強そのものを心地よいと感じる子はほとんどいないでしょうが、勉強して物事がわかったときの達成感の心地よさ、親にほめられる心地よさ——こういうものは十分体験させることはできるでしょう。

子どもたちの、心地よさの感覚はどうなっているのか。もっと言うと、親御さん自身の心地よさの感覚がどうなっているか。その辺の自覚なしに、単に「勉強しろ」「成績を上げろ」とだけ言っていても、説得力が出てきません。だから、「いくら言っても言うことをきかない」ということになるのだと思います。

逸脱への寛容さ

いま述べているようなことをベースとして、親が自分なりの子育ての基準線を作ると、こうした原則が見えたうえでの「逸脱への寛容さ」も保てるようになってきますし、そういう余裕が出てくるのではないでしょうか。

子どもというのは、どんな良い子でも必ずいたずらをしたり、親の目を盗んで悪さをするものです。なぜかといえばそこに「ワクワク感」があるからです。それをまったく禁じてしまったら、今度は子どもにとっての「生のあじわい」、子どもにとってのエロス的満足を感じられない世界になってしまいます。するとあるとき自分が親から離れる力を持ったときに、とんでもなく逸脱する可能性が出てきたりするわけです。

親というのは、あくまでも社会的ルールや社会的価値観というような、表の価値観を学ばせようとします。しかし表の価値観をただやみくもに並べ立てているだけでは説得力が弱いし、結果「子どもが言うことをきかない」となってますます焦ってしまいがちです。けれども、子どもが正当な価値観から少し逸脱したりルールを破ったときに、どこまでが許せることでどこからが許せないことなのかについて、先ほどの「美、善、真」を元に親御さんなりの基準を持っていれば、余裕をもった判断ができるんじゃないかと思います。

さいきん出掛ける先々でよく見かけるのですが、子どもがいたずらをしてもまったく叱らない親もいるかと思えば、めったやたらに叱りまくって、子どものほうも叱られることが慢性化してしまっていて知らん顔をしている、という両極端な光景を目にすることがあります。

的確に子どもを叱れる親が少ないような気がするのですが、それは、親自身も漠然と叱っているからだと思います。親は、「どこに子育てのポイントを置いているか」を、心で常にチェックしながら叱らなければならないと思うのです。つまり「私のこの言葉がけやこの叱責は、〝真、善、美〟で言えばどこにウエイトを置いたしつけなのか」ということを、叱る瞬間には無理でも、日頃から、それなりに腑分《ふわ》けしてシミュレーションして考えておいたほうがいいのではないでしょうか。

「お前の人生なんだから、自分で決めろ」は無責任

では次に、子育てのなかでよく聞く台詞《せりふ》、「お前の人生なんだからお前の自由にしなさい」という言い方はどうでしょう。子どもの自由を尊重している理解ある態度のよう

に一見聞こえるのだけれども、こうした言い方が本当に子どもの自由な感覚を保障しているのでしょうか。私は、そうとも限らない場合が多いという気がしています。

私自身、三十代前半まではかなり自由主義的思考を持っていました。だから自分の子どもが生まれたときには、あまり親が子どもにとやかく口出しをするものじゃないと思っていたのです。そんな考えに少し疑問を持ち始めたのは、以前勤めていた大学での、ある女子学生の発言がきっかけでした。

少人数の授業をしている時に、「将来何になりたいか」という話になったときに、そこは小学校の教員養成が出来る大学でしたので、「小学校の教員になろうとは思っているけれど、じつのところそれが自分に合っているかどうかわからない」と彼女は答えたのです。

彼女は小さいころから、親に、「お前の人生なんだからお前の好きにしていいよ」といわれ続けてきたそうです。でも、「好きにしていい」と言われても、自分が何をしていいかわからないし、何に向いているのかもわからない。要は指標とすべき「モデルがない」というわけです。

「お前の人生なんだから、
自分で決めろ。」

彼女は実はすごく困っていて、内心「無責任な親だな」と思っていたそうです。結局学校で、尊敬できる先生と出会ったから、「こういう先生になろう」と思って教員養成のコースがある大学に進学したけれども、実のところそれでいいのかどうか、大学三年生になっても確証が持てずにいるということでした。

よく「子どもを型にはめちゃいけない」とか、「子どもの人生は子どもに選択させる」というのがリベラルないい子育てだといわれますが、この学生のケースのように必ずしもそうではないこともあります。

それに「人生は自分で決めなさい」という親でも、一方では「勉強しなさい」ということを言っているわけです。親がそういう矛盾したことを言うと、子どもは分裂してしまいます。一方で「勉強しろ」と言いながら、「人生はお前の自由にしろ」というのは欺瞞《ぎまん》じゃないかと少なからず子どもに思われてしまうという自覚を少し持っておいたほうがよいかもしれません。だから「勉強しなさい」の先には、どんな大人になって欲しいと思っているのかについての親としての考えを子どもに伝える必要はあるでしょう。

もう一つ、私自身への反省もこめて、「これは親が自覚すべきだな」と感じていることがあります。冒頭でも述べたことですが、（中にはそうじゃない親もいるかもしれませんが）大多数の親は「子育ての中で、自分が生き直しをしようとしている」ということです。まずそのように自己対象化し、それを認めたうえで、「でも子どもは自分とは違うんだ」ということを考えて、子育ての働きかけを距離化していかなくてはならないと思っています。

その上で、子どもに最初から「お前の自由にしなさい」と言うのではなくて、段階的に、どこから子どもの選択にまかせるか、どこまで親が関わって誘導してやるのかということを、それぞれが慎重に見極めながらやっていくという心構えが必要なのではないかと思います。

子どもが子どもを育てる時代

ほかに、意識化が必要なこととして、現代は「子どもが子どもを育てている」時代だということがあります。

ひところ「大人論」がはやりました。今でも「大人とは何か」ということをめぐる議論は続いていますね。何をもって大人とするか。いま、自他共に認める「大人」がどれだけいるか。よく言われることですが、現代社会では二十代というのは半分子どもみたいなものです。三十から三十半ばにかけて、場合によっては三十代全部をかけて大人になるというような、それぐらい大人になる時期が遅くなっているのが現代です。これには、平均寿命の伸びや社会構造の変化とか、いろいろな要因が考えられます。

小学生の親御さんなどはまだ二十代だったりするわけですから、現代では大人になりきれていない、半分子どもみたいな人たちが、子どもを育てているともいえるわけです。だから若い親御さんたちには、とくに「子どもを育てるとはどういうことなのか」「学校とはどういうところなのか」について、上の世代の人間がある種の普遍的な理解の枠のようなものを改めて提示しながら、いっしょに考えていく必要があるのかなという気がしています。

「らしさ」と「として」

これまで何度も述べていますが、大人が子どもに教育を遂行しようとすれば、やはりフラットな関係だけを前提とするものではダメなのです。

現代では評判の悪い言葉ですが、「らしさ」と、「として」という言葉があります。「らしさ」というのは社会的役割を通じてその人に付帯する属性で、それが形になり行為になったものが「として」ということになります。

私も、自分が子どものときは「中学生らしく」とか「高校生として」などといわれると、とても反発心を持ったものです。「○○らしくしなさい」「××として行動しなさい」という言い方には、何ともいえない「決め付け感」があって不愉快なんですよね。

でも、よくよく考えると、「らしく」とか「として」を丸ごと否定してしまうと、社会的なつながり、連関性というものが保てなくなるのです。

とりわけ子どもから大人になりかけというのは、自由な振舞いへの限定性を周囲も当人も了解しておかなければならない時期です。まったく自由な大人らしさとは違う、「学生である」「高校生である」ということの、ある種の限定性がどうしても避けられません。その限定性を了解し合うツールが、「らしさ」と「として」なのです。たとえば、大人は、ときには「高校生らしくしなさい」という言い方で、彼らをコントロールしていかないとダメなんじゃないかと思います。それは「中学生らしさ」「小学生らしさ」などについても言えることです。

もちろん、三十年前の「高校生らしさ」と、いまの「高校生らしさ」はずいぶん違うでしょう。どの程度をもって「高校生らしさ」とするかは、時代によって少しずつ変わって良いと思います。

しかしどんなに時代は変わっても、まずは大人がリードを取って、大人と子どもがコンセンサスを作っていかなければうまくいきません。自由度と、自己責任の度合いが違うのですから、子どもをめぐる「らしさ」そのものを否定したり、「らしさ」と「として」という発想自体を大人たちが率先して捨てさせてしまっては、当人たちが自分の欲望をなんとか統御しようとするツールを失効させていることになってしまうのです。

すべてを自己責任で負えないうちは「修行の身」

「らしさ」と「として」というのは、じつは非対称的関係を維持するための大事なツールなのです。

我が家では、子どもがテレビのチャンネルを自由に変える権利はまだありません。一見するとこれは、子どもの自由権を侵害しているように思えますが、我が家にとっての「子どもとしての」位置づけや「親としての」位置づけから言えばごく自然なのです。

うちの子どもはテレビのことではとくに文句を言いませんが、たとえばほかのことで「なんでそうしなきゃいけないの？」と聞かれたときには、「お前は修行の身だからだ」と言うことにしています。「修行の身である」ということは、**たとえ人に迷惑をかけなかったとしても、すべての欲望を開放することを許された存在ではないということです。**

第五章で取り上げた有名女子高の例に見られるような、人に迷惑をかけない限り何をしても自由だというのは、たしかにリベラリズムの本質です。発想としてはわかるのですが、私は「人に迷惑をかけなければ何をしても自由」という自由主義の公準は、基本的に、子どもには適用できないと考えています。

子どもが、自由な主体としてふさわしい能力や、欲望のコントロール、「統御」を身につけていない限りは、授業中にファッション雑誌を読んだり、携帯をいじったりしているのをよしとするというのは、やはり教育する側の責任放棄だと思っています。

大人はどうしてそれでよいかというと、その自由な行いによって生じた結果については、全責任を負える立場だからです。人に迷惑をかけない限り何をやっても自由ということは、自己責任の論理とやはりワンセットなのです。

そう考えると、親の保護を受けている子どもという存在は、まだそこまでの存在ではないと言わざるをえませんね。

子育てには「分節化」が必要

発展途上の子どもの修行の過程だからこそ、たとえば、勉強と部活の両立といったことが問題になります。勉強もスポーツも、すべてトップになれということは子どもにとても要求できません。

親であれば、その子をどういうふうに評価するか、人柄全体で全肯定するような構えがなければならないということは言うまでもないでしょう。プロ野球の選手みたいに「成績が振るわないからうちの子どもクビ」というわけにはいかないし、何よりそれではもはや子育てではないわけですから。

人柄志向で全体を包摂しつつも、子どもが個々にやる行いについては事柄志向で判断しながら、「これについては、努力で評価する。でもこれについては、絶対にこれぐらいの基準をクリアしてもらわないと困るよ」というように区別だてをして育てることが大事なのではないでしょうか。

あまり良くないのは、「自分が中学のときはこうだった。だからお前もこれぐらいできるはずだ」みたいな言い方です。そんなことを言われても、子どもはプレッシャーを感じてかえって困惑してしまうでしょう。

「働かなければ、生き続けることはできない」を教える

さらにいまの子どもの心配として、引きこもりや「ニート」の問題があります。ニートというのは、結局「産業的身体」を作り損ねたということでもあると思いますが、別の見方をすると、「生存のための労働からは少し解放された」という、社会の成熟の証左であるとも言えます。「働く意味を感じられないと働かない」というのは、ドラマ『おしん』の時代のように庶民がみんな貧しかった時代からすれば信じられない世

界なわけです。「生きるために働く」ということは、有史以来、庶民にとって当たり前だったわけですから。

いまから二十年ほど前のバブルの時代には、いわば社会の底が見えていませんでした。ですから、「自分の生存が脅かされるようなことは、まずあり得ないだろう」と、日本中の人々が思っていました。ところが今は、「格差社会」「ワーキングプア」「ネット難民」などの情報があふれている中で、生存自体が問われるような社会的状況を、身近に感じています。社会は、やはり、そういう厳しい面を現代になっても失っていなかったということです。だから八〇年代から九〇年代初めの日本というのは、歴史の流れからみると、やはり「あだ花」的な時代だったのかなと思うのです。

私は東北の人間ですが、東北地方で「飢え死することを心配しないですむ」という社会が到来したのは、ごくごく最近だという実感があります。「ヤマセ」が吹けばムラは容易に飢饉《ききん》の危険にさらされたのです。逆に最近は都会で「餓死」という事件がちょくちょく見られるようになりましたが。

社会で生きることを考えたときに、「労働」というものは、「生存そのもの」にどこかで必ずつながっているものです。「働く意味」「精神的な豊かさ」「自己実現」という観念はとても大事なものではあるけれども、まず親が子どもに伝えなくてはならないことは、「将来働かなければ、お前は生き続けることはできないんだよ」ということです。子どもがとても厳しい現実に向き合ってから、それが初めてわかるようでは手遅れになる危険が高いのです。あらかじめシミュレーションさせるなどして、これをきちんと伝えることは大人の責任だろうと思います。

それは、徒競走で「手をつないで一緒にゴール」という発想の中では、伝えるのは難しいと思います。

だって社会は、リアルに競争社会なのです。もちろんそのことを批判することも大事です。たとえばいまの高齢者医療の問題を見たときに、日本の社会が福祉国家として未成熟なのか失敗したのかわかりませんが、かなりの問題を抱えているのは事実です。そうした問題を是正するために、制度論的な立場から、競争化社会を批判するという視点を持つことはとても重要です。

だからといって、そのことと全く地続きで、「競争はけしからん。だから競争なんか意識しない子どもを学校教育で作りましょう」という方向に走るのは、考えてみれば教育としてはかなり無責任な話だと私は考えます。

社会を批判するだけでは……

「社会総体を批判する」と、「現実社会での生き方を教える」は分けて考えるべきです。社会総体を批判する視点を持つことは大切なことです。しかし一方で、子どもたちは当面この社会で生きていく以外に選択肢はないのです。社会総体に対して批判的なまなざしを持つことと、その社会の中でどう現実的に適応し、自分の幸福をどう追求すべきかを考えることとは、分けて考えなくてはいけません。

将来のどこかにおいてそれはやがて統一化される可能性があるものだとしても、それぞれの人間の人生は一度きりなのです。しかも二十代なら、二十代というのも一度だけです。

たとえば、子どもがその一度しかない二十代に、社会の総体を批判する知識だけを蓄えて、「格差社会はけしからん」というのを観念的に肥大化させたとします。しかもたまたま親に財力があって、「俺《おれ》はこんな社会で働く気はない」という意志を貫いて仕事をしなくても十分生活できたとします。しかし彼が三十代、四十代になり、親も定年になって退職金も減らされて、いよいよその子を養えなくなったとしたら……。

「社会をよくする」というのは、長期的な世代の連続性みたいな中で考えていける課題もたくさんあるのですが、個人の人生は一度限りです。

毎日大きくなっていく子どもに、「いまは社会が悪いから、社会がよくなるまで子どものままでいろ」とは言えません。そうすると、今この時点を所与の準拠点として、何が子どもたちに伝えられるかというまなざしも、絶対に必要だと思います。

これは親はもちろん、学校の先生にも必要なまなざしです。「制度そのものを改善し、社会全体をよくしながら、社会と学校を連動させて、よりよい社会を考える」というのは、長期的な視野に立った運動としては成り立つかもしれません。しかし学校の先生が関わるべき子どもたちというのは、〈いま・ここ〉で、日々成長しているのです。そこはやはり、**リアル**に考えなくてはなりません。理想主義的な社会批判的まなざしを持つこと自体はいいとは思いますが、でもあまりそれが強すぎると、「〈いま・ここ〉で起きていること」への対応が鈍くなってしまう恐れがあります。

子どもたちに教えるべき「社会のリアル」

子どもたちには「〈いま・ここ〉の現実」「〈いま・ここ〉で展開されている社会のありよう」を少しずつ教えるべきです。つまりそれは、「協働とともに相克がある」「支え合いがあるとともに競争がある」「達成されるとともに挫折《ざせつ》がある」「承認があるとともに否定がある」「サンクション（賞賛と罰）がある」「公平があると同時に序列化がある」という**現実のシビアなありよう**です。

もちろん、今あげた内容そのものを批判して吟味しながら、政策論的観点から、より多くの人々が最大幸福を実現するような社会を構想することは大事な視点です。でも生きた教育の現場にとっては、それより先に、「今の社会のリアルさを、子どもたちがどう引き受けるか」を考えるほうがもっと大事です。

私なりに言えば、それこそ「生きる力」の問題であり、こうした生きる力を子どもたちがそれぞれの個性に即して目覚めさせていくような仕掛けが必要なのだと思うのです。

だから私は、徒競走での競い合いなどはとてもいいことだと思っています。足が遅い子や絵が下手な子などがいれば、その子にどんな言葉がけをすればいいのかを考えればいいのです。ちなみに私は、足はそこそこ速かったのですが、絵や工作がものすごく下手で、学校の科目でいうと美術や技術が全然ダメだったので、そのことが人間を考えるきっかけを作ってくれたと今でも思っています。自分ができないことを、人がやすやすと上手にやっているのを見ると、「僕と彼は、何が違うんだろう」と考えるじゃないですか。ひどく手先が不器用に生まれたことで、逆にいろいろ考えを深めることができたように持っています。人間の「限界ってこういうことかな」とか「能力の絶対的な差ってあるんだな」ということを、割と早い時期から感じとることができました。

そんな経験をしたからこそ、「世の中思い通りにいかないもんだな。でもそれも引き受けて生きていかなきゃいけないんだ」ということが考えられました。それは子ども時代の貴重な経験です。だって、自分が何が得意で何が不得意かをはっきり知っておかなければ、自分がこれからどう頑張っていけばよいのかの方向性もつかめないわけですからね。

さて、この章では、教育の責任主体は、学校というよりはむしろ、最終的には家庭であるという視点からいろいろ話をしてきました。しかし最後に一つ補足をしておきたいと思います。それは、いくら教育の責任主体が家庭にあるからといって、親（とりわけ母親）だけが子育てのすべてを抱えこんでしまうのは危険だ、ということです。

親御さんは自分たちの力だけで子どもを育てようとか堅苦しく考えないで、時には第三者的な大人の助けを借りるなどして、「完璧な子育て」を求めすぎないことが大切になるのです。つまり、先生や親たちは、自分だけで問題を抱え込んで心や身体《からだ》のバランスを崩すことがないようにしながら、子どもたちとの息の長い関わり方を模索することが大切なのだということを、この本の最後に強調しておきたいと思います。

おわりに――ピュアネスのためのリアリズムを

私の勝手な座右の銘に「ピュアネスのためのリアリズムを」という言葉があります。自分自身の生き方を整えるための言葉として、わたし自身が考えたものです。何も教育の現場だけを想定してのものではありませんでしたが、今改めて考えると、この言葉は、教育というフィールドに最もよくあてはまるような気がしてきました。

ピュアな理想がなければ教育・子育てはできないが、理想だけではダメだ。現実のシビアさや社会システムの不十分さ、人間存在の不条理さを冷静に認識するリアリズムの視線を持って、自分自身の中のピュアネスを子どもたちに伝えていく……。私自身もそんな先生でありたいし、小・中・高の現場においてもそんな先生が一人でも増えてくればなあと思っています。そしてそうした先生のイメージを表す言葉が、「クールティーチャー」です。

「上下関係は必要」「事実志向が大切」「欲望の統御をしなければならない」といった言

葉を通じて私が言いたかったことは、管理教育的縛りとは異なる理念と方法で、過度に子どもの自由を偏重しがちな今のあり方を見直して、「学校を再構築させたい」ということだったのです。

私は、「昔が良かった」的な保守回帰的な教育論を展開したかったわけではありません。「上下関係の必要性」「事実志向の大切さ」「欲望の統御の作法」といった言葉に共通する精神――放縦に流れがちな子どもたちの欲望をなんとか統御して、自由と秩序のバランスを図ろうという精神――には、これからの新しい時代を支える次の世代を育てるという観点からすると、とても大切なヒントが隠されていると思うのです。

決して甘くはないこれからの時代を生き抜いていかなければならない子どもたちを教育していく際に、どのようなことに目を向けていかなければならないのか、**理想と現実の折り合いをどのようにとらえ直したらよいのか**ということについて、真正面から向き合いたい、そんな思いでこの本を書いてみました。

「クールティーチャー宣言」という言葉は、前著『友だち幻想』の中に少しだけ書いた私の教育論を読んでくれた友人が、送ってくれた感想メールの中で使ってくれた言葉です。とてもツボを押さえた表現で私自身大いに気に入った言葉だったので、今回この本の副題にも使わせてもらいました。詳しい意味内容は第三章で展開しておりますので、そちらをご覧ください。

今回も多くの人々の支えによって書きあげることができました。編集者の吉崎宏人さんには、前著『友だち幻想』同様、全面的なバックアップをいただきました。また箸井《はしい》地図《ちず》さんには、今回もかわいらしい素敵なイラストを書いていただきました。感謝申し上げます。また、一人ひとりのお名前を挙げることは控えさせていただきますが、多くの貴重な体験や情報をお寄せいただいた現場の先生方に感謝したいと存じます。ありがとうございました。

（なお、なおこの本で取り上げた事例はすべて「事実」ですが、プライバシー等への配慮から、内容の一部を修正したり変更した箇所があります。）

chikuma primer shinsho

ちくまプリマー新書134

教育《きょういく》 幻想《げんそう》 クールティーチャー宣言《せんげん》

二〇一〇年三月 十 日 初版第一刷発行
二〇二三年九月十五日 初版第六刷発行

著者 菅野仁（かんの・ひとし）

装幀 クラフト・エヴィング商會
発行者 喜入冬子
発行所 株式会社筑摩書房
東京都台東区蔵前二−五−三 〒一一一−八七五五
電話番号 〇三−五六八七−二六〇一（代表）
印刷・製本 中央精版印刷株式会社

ISBN978-4-480-68835-4 C0237 Printed in Japan